KB041917

평범한 사람도 성공할 수 있는 49가지 전략

인생 반란

평범한 사람도 성공할 수 있는 49가지 전략

인생 반란

초판 1쇄 인쇄일 2018년 4월 17일
초판 1쇄 발행일 2018년 4월 23일

지은이 안인혁
펴낸이 양옥매
디자인 표지혜
교　정 조준경

펴낸곳 도서출판 책과나무
출판등록 제2012-000376
주소 서울특별시 마포구 방울내로 79 이노빌딩 302호
대표전화 02.372.1537　**팩스** 02.372.1538
이메일 booknamu2007@naver.com
홈페이지 www.booknamu.com
ISBN 979-11-5776-550-8(03300)

이 도서의 국립중앙도서관 출판시도서목록(CIP)은 서지정보유통지원 시스템
홈페이지(http://seoji.nl.go.kr)와 국가자료공동목록시스템
(http://www.nl.go.kr/kolisnet)에서 이용하실 수 있습니다.
(CIP제어번호 : CIP2018011375)

평범한 사람도 성공할 수 있는 49가지 전략

인생 반란

안인혁 지음

　지난해 연말 안인혁 씨로부터 "대표님! 제가 책을 출간하려는데 서문을 좀 써 달라."는 제의를 받았다. 처음엔 난감했다. 매일 활자에 중독되다시피 책을 보고 뉴스를 접하는 직업에 종사하다 보니 정보의 홍수에 떠밀려 다닐 지경인데 무슨 책을 낸다고 하는지 의아했다.

　여주시청을 출입하며 알았으니, 안인혁 씨를 알고 지낸 지 10여 년이 되었다. 그는 항상 책을 끼고 있었다. 그는 겸손한 사람이고 항상 논리 정연했으며 가슴이 온화한 인품을 가진 사람이다.

　그의 가족은 국문학적인 소양이 풍부한 집안이다. 생명력 있는 글이라면 그 속에 담담한 진리를 담고 있어야 할 것 같다. 그는 세상을 통찰해서 보는 능력이 있는 사람이었다.

　그가 소개하는 여주 지역의 역사문화 유적과 특산물, 인터뷰 등은 전문기자들도 놀랄 실력자이다. 그의 손을 거쳐 소개된 인물과 기업체, 문화유적 등이 수없이 많다. 그래서 나는 여주에 대해 그와 함께 동행도 하고 그의 삶의 태도를 지켜보았다. 그게 12년째이니, 인격적인 신뢰가 형성되어 있기에 내게 부탁을 한 것이다.

　체험적인 진리를 담고 있는 책이라면 독자들이 공감할 수 있을 것이고 설득력과 전파력이 있게 마련이다.

그가 책의 제목과 내용을 통째로 보내왔다. 지난 연말에 머리말과 소제목을 대충 스크린하고 음미했다. 새벽에 일어나 마침내 책의 내용을 찬찬히 읽어 보니 나의 예상을 뛰어넘는 예시와 지혜의 보물이 가득했다. 7년여 시간을 준비하고 탈고를 거듭한 산고를 겪고 나온 "평범한 사람도 성공할 수 있는 49가지 전략" 『인생 반란』이라는 자기계발서 한 권이 탄생함을 진심으로 축하한다.

세계 유명 철학자, 성공한 기업인이 어떤 자세로 생각하고 실천하여 성공했는지 49개의 소제목으로 나누어 기술했는데 내용이 쉽고 간결하여 좋았다. 전 인류에게 회자되는 성공한 사람들의 삶을 짧게나마 음미하고 모방하여 삶의 나침판으로 활용한다면, 이 책을 읽는 독자는 새롭고 희망에 찬 인생설계와 목표를 갖게 될 것이라고 확신한다.

소제목마다 내용에 맞는 성공인의 어록이 실려 있고 쉽게 읽으며 가슴에 한줄기 빛으로 남을 것 같다. 주옥같은 책 내용과 삶의 자세는 독자의 품격을 높이리라 믿는다. 사람이 책을 만들고, 책이 사람을 만든다는 말이 있듯이 『인생 반란』이라는 이 책 한 권이 성공하는 인생의 전환점이 되기를 기원한다.

경기데일리 대표 박익희

문득 내 자신의 모습이 눈앞에 그려졌다. 1963년생. 나이 쉰여섯. 지방공무원 6급. 기억 저편으로 50년이라는 인생이 생생한 파노라마로 펼쳐지며 흘러갔다.

나이 쉰이 넘어 다양한 책들을 접하다 보니 베스트셀러 작가들의 공통점이 무엇인지 눈에 들어왔다. 이와 맞물려 아쉬웠던 나의 인생살이가 가슴을 저미며, 또 한편으로는 씁쓸한 감정이 밀물처럼 밀려왔다.

내로라하는 명문대학 출신에다가 직업은 화려하고 사회적 명성과 인기를 한 몸에 받고 있는 분들의 베스트셀러를 대할 때마다 스펙도 없고, 평범하게 살아온 사람으로 느끼는 소외감과 초라함은 도전 목표를 갖게 했다.

평범한 사람도 책을 낼 수 있다는 것을 세상에 보여 주고 싶은 열망이 생기자 재미있게 나의 이야기를 들려주고 싶었고, 인생의 황금기를 넘어가는, 어깨가 늘어진 50대 중년 가장들과 공감하고 싶었다. 부디 이 책이 평범한 생활로 대한민국을 살아가고 있는 이들에게 위로가 되고 용기를 북돋아 주었으면 좋겠다.

수많은 평범한 사람들은 살아온 날들을 후회한다. 젊었을 때 좀 더

열심히 했더라면, 그때 기회가 왔을 때 잡았었더라면, 자신을 질책하고 안타까워했을 것이다.

그러나 한번 지나온 인생을 되돌리는 일은 불가능하다. 우리들은 과거와 미래라는 두 개의 축에 살고 있다. 현실을 범주에 넣지 않은 것은 현재는 과거와 미래의 교집합이기 때문이다.

그렇다면 '인생을 살아가는 가장 현명한 방법은 무엇이겠는가?'라는 물음이 스쳐 갈 것이다. 그 답은 의외로 간단하다. 현실을 그대로 인정하고 받아들이는 것이다.

베이비부머 세대로서 앞만 바라보고 달려왔던 50대 인생은 이제 숨을 고르고 남은 인생을 어떻게 살아갈 것인가를 새롭게 정립해야 한다. 이 책은 50대들이 읽으면 같은 세대로서 공감할 것이고, 50대 이상인 독자는 지나온 세월을 생각하면서 또한 공감할 것이며, 젊은 세대들은 인생 선배의 조언으로서 가르침을 받을 것이다.

이 책이 인생을 살아가는 데 도움이 되는 좋은 지침서가 되었으면 하는 바람이다. 반란은 혁명을 말하고 새로운 창조를 가져온다. 반란을 꿈꾸는 자는 멈추지 않으며 행복한 인생을 만들 수 있다.

이 책은 총 일곱 개의 장으로 구성되어 있다. 각 장은 여러 주제로 나누어져 있지만, 각 장의 주제들은 지하철 망처럼 서로 얽혀 있으며 함께 상호 작용하면서 밀접한 연관성을 가지고 있다. 즉, 각 장이 전체적으로 보완하며 작동하고 있기 때문에 어느 장을 먼저 읽더라도 이해하는 데 큰 문제가 없을 것이다.

독자 여러분께서 이 책을 다 읽은 다음에는 부분적인 주제들이 하나의 큰 주제로 통합됨으로써 인생의 지침으로서 손색이 없을 것이 며, 살아가는 데 풍요로운 토양으로 이해의 폭을 넓히게 될 것으로 확 신한다.

2014년 9월 저자의 아버지(安 善자 榮자)는 86세의 일기로 자식들의 곁을 쓸쓸하게 떠나셨다. 임종하시던 그날, 오후 퇴근 후 요양병원에 들러 편안하게 주무시는 모습을 뵙고 집으로 돌아가 잠자리에 들었는가 싶었는데 휴대폰이 요란하게 울리기 시작했고 불길한 예감에 벌떡 일어나 폰을 받는 순간, 느낌이 현실로 휴대폰의 목소리를 타고 그대로 전해 내려오고 있었다. "임종하셨습니다….."

옷을 급하게 주워 입고 현관문을 나설 때, 하늘이 무너지고 다리에 힘이 빠져나가고 있었다. 운전 도중 눈물이 아른거려 차창이 심하게 흔들렸다. 병원에 도착해 평온하게 깊은 잠에 빠진 아버지의 모습을 보며 회한과 자책감이 휘몰아쳐 몰려왔다. 그렇게 아버지를 하늘나라로 떠나보냈다. 홀로 남으신 어머니는 아버지를 그리워하시다 아버지가 돌아가신 그다음 해 가을 뇌출혈로 쓰러지신 후 회복하지 못하고 2017년 4월 아버지 곁으로 가셨다. 두 분은 지금 나란히 공원묘지에 누워 계신다.

아버지와 어머니 생전에 약속했던 책 집필이 이제서 햇빛을 보게 됐다. 부족하고 미완성의 글이지만 그래도 부모님의 약속을 지키게 돼 얼마나 기쁜지 모르겠다. 2014년 9월 아버지의 사랑과 은혜를 생각하며 저자가 눈물로 썼던 "사부곡(思父曲)"을 독자 여러분들과 공유하며 이 책을 부모님 영전에 바친다.

"정년퇴직을 하고 고향 여주로 내려왔다. 강변에 현대아파트를 보금자리 삼아 사랑하는 아내와 함께 여생을, 행복한 전원일기를 쓰며 지내려 한다. 아버지가 물려주신 산골짜기 작은 밭에 심은 채소와 곡식을 정성스레 가꾸어 자식들에게 나눠 주는 재미가 있다. … 〈하략〉"

아버지 유품을 정리하다 문득 발견한 2쪽짜리 메모장. 거기에 담겨진 글이 가슴을 시리게 한다. 아버지는 1995년 40년 교직 생활을 마치고 당신이 태어나 미래를 설계했던 고향으로 내려오셨다. 나도 긴 객지 생활의 방황 길을 끝내고 아버지를 따라 여주로 내려와 1996년 1월 공직에 입문했다. 내 결혼 날짜를 받아 놓고 사돈집 결혼식을 다녀오시다 부모님은 대형교통사고를 당해 두 분 모두 사경을 헤매시다가 천행으로 회생하셨다.

생활력이 강하셨던 부모님은 자식들의 부양을 거부하신 채 두 분만의 터전을 마련하시고 시골 생활에 취미를 붙이셨다. 올봄부터 모래 적치장이 논으로 복구되면서 밭농사에 논 농사일이 가중되었음에도 아버지는 자식들의 일손을 빌리지 않으셨다. 밭은 시내버스를 타고 가 내려서도 한참을 걸어 올라가야 하는데도 출퇴근하듯 가셨다. 돌아오실 땐 허리가 휘도록 등짐을 지고 오시니 자식들이 할 수 있는 말이라곤 농사일 그만두시라는….

그 말이 싫으셔서 들에 가실 땐 연락조차 안 하셨다. 여름 뙤약볕에서도 논두렁이 아깝다고 자갈을 골라내며 콩을 심으셨다. 소나기를 맞으면서 김장배추를 심으셨다. 이렇게 아버지는 기력을 너무 소진해 버린 탓에 건강이 나빠지셨다. 아버지 곁에 살던 내가 조금만 아버지에게 관심을 가졌더라면 하는 후회와 죄책감이 밀려들었다. 끝내 기력을 회복하지 못하신 아버지는 86세에 가족 곁을 떠나셨다.

지금까지 나는 아버지께 해드린 것이 없이 늘 받아 오기만 했다. 무언가를 해 보겠다고 하면 "그래, 한번 해 봐."는 그 한 말씀이 전부였다. 객지에 나가 온몸이 만신창이가 되어 실패를 하고 돌아왔을 때도 "괜찮다. 고생했다."라며 포근한 눈빛으로 위로해 주시던 분이었다. 3 · 1운동의 주역이자 천도교 3대 교주인 손병희 선생을 존경하시어 내 이름도 "병희"라고 지어 주셨고, 몇 년 전부터는 천도교에 입문하여 자식을 위해 열정적으로 기도하셨다.

아버지가 세상을 떠나시고 너무나 큰 분이었다는 걸 절실히 느꼈다. 어머니 은혜가 크다고 하지만 아버지의 은혜가 이토록 큰 줄 미처 몰랐다. 인간이라면 누구나 한 번쯤 겪어야 할 당연한 일이지만 그동안 아버지와 함께했던 시간들과 베풀어 주셨던 은혜는 무엇으로 갚아야 할지 눈물이 앞을 가린다.

초등학교에 입학하기 전, 아버지가 이천북중학교에서 교편을 잡고 있던 학교 정문 앞에서 아버지와 사진을 찍었던 그때가 불현듯 생생하게 떠오른다. 우리 아들 장기 잘 둔다고 학교 선생님과 대적시켜 주시고, 큰사람이 되라고 서울로 유학을 보내고 격려해 주시던 든든한 후원자였으며 자식을 위해서라면 싫으시다는 내색을 한 번도 하시지 않는 분이었다. 단지, 내가 부족해 아버지의 기대에 부응하지 못한 것이 한으로 남을 뿐이다.

"애비야 오늘 바쁘지 않으면 밭에 데려다 주렴." 전화로 말씀하시면서도 혹여 자식에게 피해 주지 않으실까 늘 미안해하시던 아버지의 음성은 더 이상 들을 수 없다. 편안한 마음으로 밭으로 모셔 드리지 못하고 밭일을 함께 도와 드리지 않았던 자식의 무심이 아버지에게 큰 상처가 되었을 거다.

기력이 없으셔서 힘없이 발걸음을 떼어 놓으실 때 왜 밭일을 말리지 못했는지, 왜 함께 밭일을 거들지 않았는지, 또 여름날 뙤약볕 아래 온종일 피를 뽑으실 때 왜 말리지 못했는지 그 죄책감이 한없이 밀려온다. 돌아가시기 며칠 전 병상에서 "집에 가자. 내가 할 일이 있다."는 아버지의 마지막 말씀을 흘려버리고 무시했던 매정함에, 아버지의 실망하시던 얼굴을 생각하며 아버지의 깊은 말씀의 뜻을 이제야 깨닫는다.

모든 것이 내 잘못이다. 일이 바쁘다는 핑계로 아버지를 내팽개친 불효자는 끝내 아버지의 임종을 지키지도 못했다. 자식을 위해 끝까지 가시는 마지막 길도 알리지 않으셨다. 아! 아버지. 아버지라는 이름을 애타게 불러 본다. 아버지와 함께했던 52년의 세월 속에서 아버지께 사랑한다는 말을 한 번도 해 본 적이 없지만 이제는 처음이자 마지막으로 목 놓아 소리치고 싶다. "아버지! 사랑합니다. 고맙습니다."

C O N T E N T S |||||||||||||||||

PART 1 시간 관리 반란

PART 1

시간 관리 반란

01
계획을
세분화하라

"계획이란 미래에 관한 현재의 결정이다."

— 드래커

계획은 미래지향적이다. 과거와 현재에 머무르기보다는 앞으로 다가올 일에 중점을 두기 때문에 매우 동적이다. 미래를 지향한다는 것은 현재보다 나은, 발전적인 설계를 의미하기도 한다.

우리는 장기적으로 연간 계획을 세우는 것이 보통이다. 그다음에 월간 계획을 세우고, 주간 계획을 세운다. 초등학교 시절부터 시간표를 작성하여 시간에 대해 중요성을 강조하는 것은 시간의 활용도에 따라 똑같이 주어진 시간이라 할지라도 사람에 의해 다르게 쓰임을 깨닫게 하기 위함이다. 어떤 사람은 한 시간을 하루같이 사용하기도 하지만, 어떤 사람은 하루를 한 시간처럼 사용하기도 한다.

세상을 앞서 나가는 사람들을 보면 시간 관리의 중요성에 대해 설파하고 있다. 에센 바흐는 "시간을 지배할 줄 아는 사람은 인생을 지배할 줄 아는 사람이다."라고 말하고, 앙리 프레데릭 아미엘은 "오늘 하루를 헛되이 보냈다면 그것은 커다란 손실이다. 하루를 유익하게 보낸 사람은 하루의 보물을 파낸 것이다. 하루를 헛되이 보냄은 내 몸을 헛되이 소모하고 있다는 것을 기억해야 한다."고 말하고 있다.

또한 호라티우스는 "그대의 하루하루를 그대의 마지막 날이라고 생각하라."며 시간 관리의 중요성을 강조하였고, J.하비스는 "승자는 시간을 관리하며 살고, 패자는 시간에 끌려 산다."고 주창했다. 그리고 호레스는 "희망과 근심, 공포와 불안 가운데 그대 앞에 빛나고 있는 하루하루를 마지막이라고 생각하라. 그러면 예측할 수 없는 시간은 그대에게 더 많은 시간을 줄 것이다."고 강조한다.

이렇듯 자기 생활이 바쁜 사람일수록 시간 관리에 철저하다. 그들의 시간 계획은 분 단위로 체계화되어 있으며, 이러한 시간 계획에 따라 움직이기 마련이다.

계획은 세분화할수록 수행가능성이 높아지며 일의 진척률을 향상시키는 효과를 가져온다. 시간 계획을 세분화시켜 일상생활에서 적용할 정도라면 어느 정도 목표성과 계획성을 갖춘 사람이라고 볼 수 있으며, 아마도 높은 수준의 성취를 이루고 있거나 이루고 있는 사람일 확률이 높다.

시간의 세분화는 자기 관리가 우선이다. 그러나 일상생활에서 자기만의 독자적인 생각으로 행동하는 것은 상당히 어렵다. 이는 세간에서 이야기하는 기인이나 별난 사람에 속할 가능성이 농후하다.

시간의 세분화는 사실 타인과의 관계를 절제하고 통제할 수 있는 자신만의 결심이 매우 중요하다. 타인의 스케줄에 맞춰 생활하다 보면 세워 놓았던 세분화된 시간 계획이 지켜지지 않을 공산이 크며 계획에 차질을 가져올 것이 분명하다.

자신만의 절제된 생활을 한다고 해서 사회생활을 못할 이유는 없다. 그러나 어느 정도 자신의 시간을 양보하고 할애할 준비가 되어야 타인과의 접촉을 통해 친밀감을 높일 수 있다.

대부분의 부지런한 사람(이른바 성공한 사람)들은 시간을 세분화하는 경향이 있다. 시간을 매우 귀중히 여기고 금쪽같이 여긴다는 것이다. '일찍 일어나는 새가 벌레를 잡는다.', '일일 계획은 아침에 세운다.' 는 말이 있듯 전 세계 저명인사들을 보면 이런 말이 일리가 있어 보인다. 비즈니스 인사이더 보도에 따르면, 애플 CEO 팀쿡 등 저명한 기업 CEO와 창업가들은 모두 해가 뜰 때 혹은 새벽에 깨는 것으로 알려져 있다.

그들은 새벽에 방해받는 것이 적고 에너지가 넘치기 때문에 창조적인 생각, 명상, 새벽 운동, 그리고 가족과 함께하는 시간을 갖는다고 한다. 아침 일찍 일어난다고 수면이 부족한 것은 아니며, 오히려 현명한 기업의 리더들은 고효율적인 수면을 취하는 방법을 알고 있다. 다음은 세계적으로 유명한 그들의 계획 관리 노하우다.

■ 애플 CEO 팀쿡 ■

IT기술의 거두인 팀쿡은 아침에 일어나 명상을 한다. 타임지에 따르면 그는 매일 새벽 3시 45분에 일어나 1시간 동안 이메일을 확인한다. 미국 동부 연안 사람들보다 3시간 일찍 일어나는 것이다. 그 후 헬스장과 스타벅스에 들른 후 사무실로 나간다. 그는 인터뷰에서 "실질적으로 자신이 사랑하는 일을 한다는 것은 일이 아니다. 그것은 당신의 것이 되는 것이다. 나는 내가 잡은 좋은 행운이라고 생각한다." 라고 밝혔다.

■ 미국 전 영부인 미셸 오바마 ■

많은 사람들은 미국 전 오바마 대통령이 잠을 적게 잔다는 것을 알고 있지만, 그의 영부인은 오바마보다 잠을 훨씬 더 적게 잔다는 사실은 잘 모를 것이다. 그녀는 오프라 윈프리 쇼에서 매일 4시 반에 기상하고 아이들이 일어나기 전에 운동을 한다고 말했다. "운동을 하지 않으면 몸이 불편하고 우울한 마음마저 든다." 그녀는 백악관에서 이를 생활화하고 있으며, 이를 통해 보통 사람보다 많은 것을 얻는다고 한다.

■ 구글 고위관리자 팀 암스트롱 ■

구글의 고위 관리자였던 암스트롱은 '가디언'과의 인터뷰에서 잠이 많지 않아 새벽 5시에서 5시 15분 사이에 일어난다고 밝혔다. 일어나서 운동, 독서, 웹서핑을 하고 일찍 일어나길 좋아하는 두 딸과 함께 시간을 보낸다. 암스트롱은 7시 이후에 전자메일을 보내면서 하루를 시작한다.

■ 펩시콜라 회장 인드라 누이 ■

펩시콜라 회장 인드라 누이는 새벽 4시에 일어난다. 그는 포춘지에 "사람들이 잠은 신이 내린 선물이라고 하지만 나는 그 선물을 누리고 싶지가 않다."라고 밝혔다. 펩시사의 사내 연설에서도 그녀는 매일 아침에 출근하는 시간이 7시를 넘기지 않는다고 이야기한다.

■ 트위터·스퀘어 공동창업자 잭 도시 ■

잭 도시는 자신이 엄격하게 일과 휴식의 규칙을 준수하고 있다고 말했다. "나는 하나의 일관된 일정을 세우길 원한다. 매일이 똑같아야 한다." 그러나 그의 '일관된 일정'은 매일 5시에 일어나 명상을 30분간 한 다음 1세트가 7분으로 이뤄진 산소운동 3세트를 하고 커피를 마시는 것이다. 도로시가 자는 시간은 11시다. 이러한 일정은 그가 항상 최적의 상태가 되도록 만들어 주며, 통제력이 필요한 시간을 효율적으로 처리하도록 해 준다.

■ 미국 ABC사 '샤크탱크' 투자자 케빈 오리어리 ■

케빈 오리어리는 새벽 5시 45분에 일어나 아시아와 유럽의 채권시장을 주의 깊게 살펴본다. "좋은 투자자는 북미에서 잠을 자며 해외시장에 관심을 두지 않는 것은 아니다. 잠을 자는 시간에도 런던 또는 도쿄에 어떤 일이 발생할 경우 모든 것이 바뀔 수 있다."고 말했다. 그는 아침에 러닝머신과 자전거로 운동하면서 비즈니스 TV를 45분간 시청한다. 그다음 1시간 동안 신문을 읽거나 사업에 대해 연구하며 9시 30분 주식시장 개장 전에 사무실로 향한다.

■ 월트 디즈니 회장 로버트 아이거 ■

그는 매일 4시 30분에 일어나 아무런 방해를 받지 않는 상황에서 상상을 한다. "이때 매우 효율적인 시간을 보낼 수 있고 큰 방해를 받지 않는다. 매주 두 차례 자전거로 유산소 운동을 하고 트레이너와 함께 헬스와 역기를 들며 많은 시간을 생각한다. 운동을 하는 것은 스트레스를 푸는 데 효과가 있다고 믿는다. 인내력도 높인다. 나와 같은 일을 하는 사람에게 있어서는 인내력이 정말 중요하다."

■ 버진그룹 창립자 리처드 브랜슨 회장 ■

브랜슨 회장은 그의 개인 섬에서 5시 45분에 일어나며 창문 커튼을 치지 않아 아침 햇살이 자연스레 자신을 깨우도록 한다. 그는 아침 태양을 즐기며 운동을 하고, 일찍 아침을 먹은 다음 업무를 시작한다.

■ 스타벅스 회장 하워드 슐츠 ■

하워드 슐츠의 하루는 운동으로 시작된다. 아침에 아내와 함께 자전거를 타고 6시 전에 사무실로 출근한다.

■ 프로젝트 런웨이 사회자 팀 건 ■

팀 건은 매일 해 뜨기 전 5시 30분경 일어나 신문을 보며 진한 커피를 마시고 하루를 시작한다. 주말에도 그는 눈을 뜨면 50여 회 윗몸

일으키기를 하고 일어난다.

시간을 세분화한다는 것은 시간을 효율적으로 사용한다는 말과 같다. 사람마다 시간을 활용하는 방법은 다르다. 아침형 인간이 있고, 올빼미형 인간이 있다. 이 유형은 그 사람의 체력과 정신력, 살아온 생활양식, 가족의 생활패턴과 깊은 관계가 있다. 과학적으로 증명하기는 어렵지만, 저자의 경우는 가족들의 생활패턴과 습관에서 찾아볼 수 있었다.

저자의 집은 밤 10시 정도면 집안의 불이 모두 꺼졌다. 그리고 아침 5~6시면 가족들이 일어나는 소리를 들을 수 있었다. 지금도 이 습관이 그대로 남아 20여 년의 공직 생활을 하면서도 이 원칙은 깨지지 않고 있다. 전날 술을 많이 먹어 육체적으로 이상이 있는 날을 제외하면, 평일이나 주말에도 비슷한 패턴이 이어진다.

오전 7시 전까지 식사를 마치고 직장으로 출근해 하루의 일과를 돌아보고 세부적인 실행 계획을 세운다. 보통 시간 단위로 계획을 짜는데, 다른 직원들이 출근하는 시간에 비해 2시간 이상 일찍 업무를 시작해 하루의 일정을 거의 소화해 낸다.

그러면 남은 하루의 시간을 더욱 효율적으로 보낼 수 있고 스트레스를 받지 않고 여유롭게 업무를 수행할 수 있다. 또한, 편안한 업무 수행은 찾아오는 고객들에게도 친절함을 제공할 수 있어 일석이조의 효과를 얻을 수 있다. 아마 다른 기업체에 근무하는 경우에도 비슷하지 않을까 하는 생각이다.

세부적인 시간을 짜는 것은 귀찮은 일일 수 있으나 일단 습관이 배면 매우 편리한 도구가 되어 줄 것이므로 독자들도 시간 관리를 하는 데 큰 자신감을 가질 수 있을 것이다.

크기 91 * 65 복숭아와 부엉이 acrylic gouache, 2017년

02
하루를 1년처럼
충실하라

"당신이 헛되이 보낸 오늘은 어제 죽어 간 이들이 그렇게 살고 싶어 하던
내일이다."

– 랄프 왈도 에머슨[1]

독자 여러분, 상상을 해 보라. 죽음을 눈앞에 둔 폐암 말기 환자가 있
다. 짓누르는 고통이 전신을 감싸고 돈다. 소리를 지르고 싶지만 거
친 숨소리만이 허공을 가를 뿐, 소리는 나오질 않는다. 그저 고통 속
에 눈물만 뺨을 타고 흐를 뿐이다. 환자 옆에 있는 담당의사, 간호사,
그의 가족들은 환자의 고통과 심정을 전혀 눈치 채지 못하고 아픔도
공감하지 못한다.

진통제로 시간 시간을 이어 가고 있을 뿐 환자는 살아 있는 자체도
고통이다. 이제 진통제 투입마저도 중단되면 환자는 이 세상과 작별

---

1 미국 사상가 겸 시인

이다. 사랑하는 가족과의 행복했던 순간도, 파란만장했던 그의 생도 마감이다. 이렇게 죽음을 앞둔 암 환자를 상상해 보면 우리는 건강한 하루를 1년처럼 감사하며 살아야 한다.

최근 한국담배인삼공사에서 흡연의 위험성을 경고하는 TV 광고가 눈길을 끈다. 고통ㆍ증언형 금연광고가 2016년에 이어 1년 만에 새롭게 등장했다. 2017년 5월 31일 '세계 금연의 날'부터 텔레비전과 라디오 등을 통해 40년간 흡연으로 만성폐쇄성폐질환(COPD)을 진단받은 허태원(65세) 씨가 출연해 실명을 밝히고 흡연의 폐해를 전 국민에게 알리고 있다. 방송화면에서 허 씨는 "저처럼 질병에 걸리고 나서야 금연하지 말고, 본인의 의지로 끊을 수 있을 때 당장 금연하세요." 라고 말한다.

국내 증언형 금연광고는 지난 2002년 코미디언 고(故) 이주일 씨 광고를 시작으로, 2016년 구강암 판정 남성 출연에 이어 이번이 3번째다.

나의 경우 몇 년 전 겨울부터 감기증상이 오더니, 잔기침이 나기 시작했다. 평소 운동으로 체력이 단련되어 있어, 몸에 이상증후가 생기는 즉시 운동으로 땀을 냄으로써 감기 기운을 없애곤 했기에 그때도 운동만 열심히 했다. 2003년 가을 무렵부터 시작한 복싱 입문은 여주시청 복싱 동호회원으로서, 또한 직장인으로서 나만의 체력을 보강하고 유지하는 최상의 비결이라 자부했다.

그러나 이번에는 좀 달랐다. 운동으로 단련된 체력과 건강에 자신이 있어서인지 평소보다 술을 많이 마셨고, 연이은 술자리로 간 해독을 할 시간적 여유를 주지 못한 것이 화근이었던 것 같았다. 기침이 잦았고, 운동을 조금만 해도 힘이 들고 숨이 가빴다. 심지어 밤잠을 이루지 못할 정도로 자다가 수시로 깨어 앉아서 숨을 가다듬어야 할 지경에 이르렀다.

평소 병원을 가지 않았지만 병원을 찾아가라는 아내와 두 딸의 걱정스러운 말과 나 자신도 더 이상 버틸 힘이 없어서 어쩔 수 없이 병원을 찾았다. 이비인후과와 내과를 찾아 진료하고 약을 처방받았다.

약을 먹어도 낫지 않고 숨이 가빠서 한 걸음 걷기조차 힘들었을 때는 문득 '죽음'이라는 단어가 뇌리를 스쳐 지나갔다. 너무 방만한 생활로 육체를 혹사시켰다는 생각이 들었고, 하나뿐인 생명의 소중함과 흔들리는 갈대 같은 인간의 나약함에 대해서도 뼈저리게 느꼈다. 이렇듯 우리 인간의 육체가 망가졌을 때 기계처럼 부속품을 갈 수 없음을 간과한 것이다.

요즘 의술의 발달로 성형외과는 문전성시를 이룬다. 특히, 인공관절시술은 매우 보편화되어 있어 어느 정도 경제적 능력만 갖추고 있으면 파괴된 관절을 인공관절로 바꾸는 것은 별문제가 되지 않는다. 그러나 아직까지 우리 몸의 간, 폐, 심장, 대장 등 주요 내장은 다르다. 한번 망가지면 회복이 어려울 뿐만 아니라, 교체가 거의 불가능하다.

한순간 실수로 몸이 망가져 너무 힘든 이때만큼 시간의 소중함과 인생을 좀 더 진지하게 살아야겠다는 생각이 들 때가 없었다. 당장 오늘 고통 속에 생을 마감한다면 어떤 기분일까라는 수만 가지 생각이 밀려들었다. 지금도 망가진 몸을 회복하기 위한 훈련을 지속하고 있지만, 한번 망가진 몸은 건강했던 시절로 쉽사리 되돌아가지 못하고 있다.

그렇다. 우리는 시간이 흐름을 너무 쉽게 생각한다. 가끔씩 현재를 잠시 정지시키고 명상을 통해 시간이 소중함을 체감할 수 있는 경험과 계기를 마련해 보아야 한다. 독자 여러분에게도 모르는 사이에 혹사된 우리의 몸을 치유할 수 있는 휴식이 절대적으로 필요하다.

건강을 잃고 아파 본 다음에야 느낄 것이 아니라, 아프기 전에 우리 몸과 마음을 되돌아볼 수 있는 반성의 시간을 갖고, 하루하루의 생활에 충실하려고 노력하는 자세가 중요할 것이다. 인생은 짧고 할 일은 많다. 하루를 일 년처럼 충실히 보내는 습관을 들인다면 여러분의 일상생활은 더욱 활기를 띨 것이며, 알찬 시간을 보냈다는 만족감으로 삶의 질이 향상됨을 온몸으로 느낄 수 있을 것이다. 하루를 1년처럼 충실히 보내라.

03

시간의 흐름을
인식하라

"인간은 항상 시간이 모자란다고 불평하면서 마치 시간이 무한정인 것처럼
행동한다."

— 세네카[2]

지금 여러분과 함께하고 있는 이 시간도, 잡다한 인생 고민을 하고 있
는 이 순간도 영원히 되돌아오지 않는 과거라는 강물로 흘러간다. 이
세상은 모든 생명체에게 태어날 때부터 동등한 기회를 주었다. 넓은
우주 안에 지구라는 또 다른 공간에서 우리는 함께 살아간다. 함께 살
아간다기보다는 자기를 중심으로 이 세상은 움직이고 있는 것이라고
봄이 맞을 것이다.

여러분이 살고 있는 공간, 내 주변에서 갑자기 누군가가 사망했을
때 그 순간은 망자의 인생이 종말했음을 의미하는 것이지, 나의 인생

---

2 후기 스토아철학을 대표하는 로마제정시대 정치가이며 네로(Nero) 황제의 스승(BC4~AD65).

이 끝났음을 의미하지 않는다. 역으로 이야기하면, 내가 죽어도 타인을 중심으로 세상은 아무런 일없던 것처럼 조용히 흘러간다는 사실이다. 이렇듯 이 세상은 내가 중심이고 내가 살아가는 주체임을 직시해야 한다.

잠시 하던 일을 멈추고 조용히 눈을 감은 후 '나는 누구인가'를 생각해 보라. 그리고 지금 내가 하고 있는 일이 무엇을 위해, 누구를 위해 진행되고 있는지를 고민해 보라. 먹고살기 위해서인가, 부사가 되기 위해서인가 아니면 가족을 위해서인가, 나 자신을 위해서인가 등 여러 가지 생각이 떠오를 것이다. 만일 아무런 생각도 떠오르지 않는다면 당신은 인생의 목표를 다시 정립해야 한다.

시간의 흐름을 인식할 수 있는 사람이라면 지금보다는 더 나은 인생을 펼치게 될 것이다. 시간의 흐름을 인식한다는 것은 단기적인 목표보다는 장기적인 관점의 인생 설계를 갖춘 것이라고도 볼 수 있다. 막연한 인생보다는 계획성 있는 인생이 낫다는 것은 앞에서 이야기한 적이 있다. 하루의 계획을 세우고, 일주일의 계획을 세우고, 매월 계획이 세워지면 자연스럽게 그해의 연도 계획과 인생의 계획 등 모든 계획이 한꺼번에 정립될 수 있다.

우리가 인생에서 추구하는 행복의 개념은 각 개인마다 다르다. 일반적으로 명문대학을 나와 대기업에 취업하거나, 대학원에서 박사학위를 취득해 교수가 되거나, 고시를 패스해서 법관이나 외교관이나 사무관이 되는 길 또는 사업가의 길을 걸어 돈을 많이 버는 행위 등이 우리가 생각하는 성공의 길이요 행복의 길이다.

물론 열거한 내용에 동의하지 않는 독자도 있을 것이다. 농부의 삶이나 어부의 삶은 행복한 삶이 아니냐고 말이다. 맞는 말이다. 우리의 생각의 틀을 고정시키지만 않는다면 행복의 길은 다양하게 열려 있다.

시간의 흐름을 인식한다는 것은 우리가 살아 있다는 느낌에 감사하고 다시 한 번 주위를 둘러보라는 것이다. 삶이란 큰 틀에서 자신만의 작은 우주다. 자신이 구축한 세계를 자신만의 설계를 통해 만들어 가는 공간이다. 나는 누구인가, 어떻게 살 것인가는 인문학의 기본적인 패러다임이다.

의미 있는 삶이란 무엇인가? 인간은 의미를 부여하는 동물이다. 내가 살아가는 이유, 돈을 버는 이유, 공부를 하는 이유, 운동을 하는 이유 등 각종 의미를 부여할 수 있는 이유가 따라붙기 마련이다. 우리는 무엇을 추구하거나 추진할 때 시간의 흐름을 인식한다. 시간의 흐름 속에는 목표라는 의미가 있으며 목표를 성취하기 위한 다양한 전략과 방법을 동원한다. 시간이라는 개념을 가져와 계산하고 추진 목표를 설정한다.

이러한 보통 시간의 흐름도 있겠지만, 깊은 성찰을 통한 시간의 흐름을 인식하는 것이 매우 중요하다. 이것은 보다 넓고 깊은 인문학적 성찰이다. 시간은 인간이 만들어 놓은 틀이라고 언급했다. 하루를 정의하고 한 달을 정의하며 일 년이라는 계산을 태양과 달을 보고 정했다. 우리의 일상은 이러한 시간의 틀에 맞춰 인생을 살아가는 방정식이 된 것이다. 인생 100세라는 개념도 짜인 시간의 틀에 가두어 놓은 행위인 것이다.

우리의 생활은 형이상학적인 사고를 통해 시간을 초월하는 공간적인 개념으로 전환되어야 한다. 시간의 흐름을 인식하는 순간 우리의 사고는 한층 커지고 삶의 의미와 인문학적 성찰의 폭이 마음속 깊이 다가올 것이다.

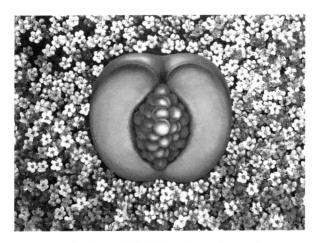

크기 120 * 90 복숭아꽃과 씨앗 acrylic gouache, 2017년

04
시간을
지배하라

"시간을 지배할 줄 아는 사람은 인생을 지배할 줄 아는 사람이다."

– 에센 바흐

시간을 지배하는 자가 이 세상에서 남들보다 잘 사는 사람이다. 하루
는 24시간, 1년은 365일이며, 인생은 기껏해야 100년이다. 이 세상
에서 정상적으로 살다가 죽을 때까지 우리는 행복을 추구하면서 살아
간다. 행복의 기준이 돈이 될 수도 있고, 건강이 될 수도 있으며, 학
문이 될 수도 있다. 이 세상에 존재하는 한 이러한 정의를 명확히 할
필요가 있다.

어릴 적 계획표를 세운 적이 있었을 것이다. 계획표를 세운다는 것
은 시간을 지배하기 위한 수단이다. 시간을 내 행동 범위 안에 넣고
실천해 나가겠다는 의지다. 하루의 계획을 잘 세우면 일주일의 계획
이 잘 세워질 수 있으며, 이러한 일주일의 계획은 한 달의 계획으로

연결되고, 한 달의 계획은 연중 계획으로 이어진다.

어느 부서에 근무하던 동료 한 분이 강원대학 박사 과정에 있었다. 이분과 친분 관계가 있어 가끔씩 만나 세상 사는 이야기, 학문에 대한 이야기 등 정보를 공유해 왔다. 그가 먼저 박사 과정에 진학한지라 이야기 중에 그의 영향을 받아 덜컥 박사 과정에 입학하고 만 것이다. 박사 과정에 입학하면서 많은 갈등을 하게 됐다. 나이 50에 박사 과정을 다닌 다는 것과 직장인으로서 욕심이 과한 것은 아닌가 하는 반성의 기미가 보였다. 아직 어린 자녀를 위해 투자할 시기에 나 자신에 너무 치중하는 이기주의라고도 생각했다.

그러나 기왕 이렇게 된 이상, 포기하기는 그랬다. 물론 중간중간에 휴학을 하긴 했지만 새로운 계획을 세우는 계기가 됐고, 그만둘까라는 생각 속에 몇 번씩 계획이 수정되기는 했으나 그래도 한 학기씩 넘어가는 위기 극복의 과정은 차분한 계획 덕분이었다. 최종 목표는 박사 학위 취득이지만 지금으로서는 과욕이다. 하지만 과정을 수료하고 논문을 쓸 좋은 기회가 된다면 계획대로 박사 학위를 취득할 수 있을 것이다.

이처럼 계획성 없는 막연함으로는 세워 놓은 목표가 결실을 맺을 수 없다. 시간을 지배하는 것은 계획을 잘 세우는 것임을 명심하자. 다소 허무맹랑한 이야기처럼 들리겠지만, 명백한 사실이다.

세상의 중심은 자기 자신으로부터 시작된다. 모든 인간은 동일한 시간(같은 시간에 맞춰 움직이기 때문에)이 주어진 가운데 살아가며, 어떻게 시간을 활용하느냐에 따라 각자의 삶이 달라진다. 예를 들어 지금 현재 시간이 오전 10시라고 가정하자. 이 시간대에 당신은 무엇을 하고 있는가? 타인의 지배나 지시 속에서 타인이 생각에 끌려다니고 있지는 않은가? 아니면 주도적으로 타인을 이끌어 가고 있는가? 현재 시간을 주도하는 것은 당신 자신이다.

당신 스스로 우주의 한가운데 서 있다고 가정해 보라. 우주의 중심을 시계의 중심이라고 생각하고 당신이 그 위에 편안하게 누워 있다고 상상해보라. 어떤 생각이 드는가? 내가 우주의 중심이요, 시간의 중심이요, 지구의 중심이라는 생각이 들 것이다. 오로지 당신 스스로만이 우주의 주인이 될 것이다. 이처럼 내가 우주의, 지구의, 세계의 주인인데 무엇이 두렵다는 것인가?

시간을 지배하는 사람은 바로 당신 자신이다. 시간을 재배하는 도식을 그림으로 나타내면 다음과 같다.

그림1 ||||||||||||||||||||||||||||||||||||||||||||||||||||||||||||||||||||||||||||||||||||||||||||||||||

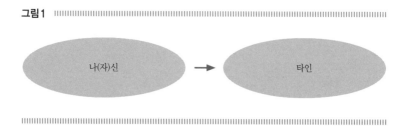

||||||||||||||||||||||||||||||||||||||||||||||||||||||||||||||||||||||||||||||||||||||||||||||||||

때때로 스스로 침잠(沈潛)하라. 인생은 유한하지만 당신 스스로 우주의 중심이 될 때 시간은 영원할 수 있다. 타인에게 끌려다닐 것인가, 아니면 당신 주도로 이 세상을 살 것인가라는 명제를 해결할 수

있다면 이미 당신은 시간을 지배하는 사람이다. 실제로 여러분이 그런 체험을 할 때, 하루하루 시간의 소중함을 더욱 느끼게 될 것이다.

크기 120 * 90 복숭아 acrylic gouache, 2017년

05
여유를
가져라

"인생은 얼마나 오래 살았느냐가 아니라 얼마만큼 베풀었느냐에 의해 평가
해야 한다."

– 피터 마샬

시간 관리에 있어서 여유는 대단히 중요하다. 여유(餘裕)란 서두르지
않고 생각을 평화롭게 하는 행동을 말한다. 사람이 화가 날 때 3초만
참으라는 말, 즉 참을 인(忍) 3개면 살인을 면한다는 말이 있다. 여유
를 가지라는 이야기다.

　사람은 감정의 동물이다. 감정의 상대적인 말은 이성이다. 인간은
이성적인 동물이라는 말을 우리는 어릴 적부터 배워 왔다. 여유가 있
으면 어떤 이익이 발생할까? 마음에 평화가 찾아오고, 하고자 하는
일을 객관적으로 바라볼 수 있다. 현대인들은 바쁘게 살다 보니 여유
가 없다. '여유'의 의미를 상기시켜 주는 소크라테스의 일화를 하나
소개한다.

어느 날, 소크라테스의 집에 친한 친구가 찾아와 소크라테스가 반갑게 친구를 맞이했다. 그러나 함께 있던 소크라테스 아내의 표정은 썩 좋지 않다. '무엇 때문에 저러지?' 소크라테스는 아무리 생각해도 아내의 마음을 헤아릴 수 없었다. 잠시 후, 소크라테스의 아내가 화를 내며 큰 소리로 떠들어 댔다. 그 모습을 본 소크라테스는 아내의 분노를 애써 무시하고, 친구와 나누던 대화에 열중했다.

그때, 아내가 갑자기 커다란 물동이를 들고 거실로 들어오더니 소크라테스의 머리 위에 물을 쏟아부었다. 순식간에 봉변을 당한 소크라테스는 수건으로 천천히 물을 닦아 내며 친구에게 이렇게 말했다. "여보게, 친구! 너무 놀라지 말게. 천둥이 친 후에는 반드시 소나기가 내리는 법이라네." 이 여유로운 한마디에 친구는 손뼉을 치며 유쾌한 웃음을 터뜨렸다. 얼마나 지혜롭고 여유로운가!

여기에 여유로움을 유지하기 위한 몇 가지 해법을 제시한다. 첫째, 벌어지지 않은 상황에 대해 겁내지 말고, 그 현상 자체를 즐겨라. 둘째, 한 걸음 물러나서 관조하거나 관망하라. 셋째, 그 자리를 피해 산책로를 따라 무작정 걸어 보라. 넷째, 다른 사람과 나를 비교하지 말고 자신이 최고라고 마음속으로 외쳐라.

여유의 필요성에 대한 상황은 운전습관에서도 나온다. 연비 운전의 고전으로 꼽히는 급출발, 급가속, 급정지를 금한 이른바 '3급 금지'를 철저하게 지키는 것이다.

여러분들 중에서 과속하는 행위가 습관화되어 있는 이가 있다면, 이는 도로 위의 시한폭탄이다. 100km/h로 달리는 자동차가 1초에 나아가는 거리는 무려 28m이며, 운행 중 위험 상황이 발생했을 때 과속하고 있는 상태에 놓여 있다면 제한 속도로 운행했을 때보다 운전자가 대처할 수 있는 시간적 여유가 줄어드는 것은 당연하다.

과속을 하는 경우 브레이크를 밟아도 운동 반사 신경은 늦어지게 마련이다. 즉, 과속 속도에 따라 운전자가 위험을 발견하고 브레이크를 작동시켜 실제 정지하기까지 걸리는 거리는 차이가 있으나 위험을 초래하기는 마찬가지다.

여유의 필요성은 약속 시간에서도 발생하는데, 상대편보다 일찍 약속 장소에 나와 주변의 상황을 살펴보고 대화하는 데 불편함이 없도록 마음의 정리를 하는 것이다. 대화 주제 내용을 생각하고 대화 전개 방법을 구상하며 최상의 분위기를 조성할 아이디어를 그려 보는 일은 여유에서 나오는 배려일 것이다. 회사의 영업이라면 편안한 마음으로 상대를 맞이하니 실적은 자연스럽게 올라갈 수밖에 없을 것이다.

이 밖에도 여유의 필요성은 시험(면접, 맞선)을 볼 때, 시합에 임할 때, 직장 상사와 대화를 나눌 때에도 성급하지 않게 사리판단을 현명하고 넉넉하게 함으로써 마음의 상태가 한결 편안해질 것이다. 위와 같은 여러 사례들은 여유를 가지라는 경고 메시지를 우리들에게 던져주고 있다.

여러분들이 잘 아시는 '하루는 저녁이, 일 년은 겨울이, 일생은 노년이 여유로움이 있어야 한다.'는 3여(三餘)를 갖춘다면 더할 나위 없을 것이다. "급할수록 천천히, 급할수록 돌아가라."는 격언을 되새겨 볼 필요가 있다.

06

큰 틀로
시간을 묶어라

"시간은 우리를 변화시키지 않는다. 시간은 단지 우리를 펼쳐 보일 뿐이다."
– 막스 프리쉬

결국 시간 관리는 작은 조각이 모여 큰 조각으로 가는 과정이다. 흐르는 시간은 막을 수 없으니, 얼마나 효율적으로 관리하느냐 하는 것이 시간 관리의 핵심이라고 할 수 있다. 산꼭대기에서 적은 양의 물이 흘러 하류로 내려가면서 계곡을 형성하고 이어 하천, 강과 바다가 되듯이 시간은 초, 분, 시간, 일, 월, 년, 평생이라는 틀로 개념이 정립된다. 이러한 기본 틀은 일정한 법칙과 우주 만물의 규칙에 따라 수천 년의 세월 속에서 인간들이 만들어 낸 과학적인 방법들로 사람의 나이를 산정하고 인간의 수명을 측정하게 된다.

　현대 사회에 이르러 인간의 수명은 의료기술의 발달에 따라 점차 연장되어 가고 있으며, 이에 따라 행복한 삶을 위한 시간 관리의 중요성이 강조되고 있다. 그래서 수명 연장의 당위성은 그래서 단기간의 계획과 중장기의 계획을 나름대로 세우는 과정으로 나타난다.

우리는 365일을 1년이라 정해서 세월을 가늠하고 측정한다. 현 시대를 100세 시대라 부르지만 앞으로 인간의 수명은 지속적으로 늘어날 것으로 전망된다. 시간을 영속선상에 놓으면 1년이라는 고정된 틀을 깨는 것이 무엇보다 중요하다. 예를 들어 지금 독자의 나이가 50세라 가정하면 앞으로 사회활동을 할 수 있는 나이는 불과 20년 남짓일 것이다.

물론 더 할 수 있다고 반론을 할 수 있겠지만, '활기차고 건강한 생활'이라는 단서를 붙인다면 나머지 인생은 관조와 유지라는 개념일 것이다. 인간의 정신은 나이가 들어감에 따라 더욱 성숙하고 내공이 깊어지는 것이 특징이지만, 인간의 육체는 한계성을 지니고 있다. 지금까지 언급된 수명의 연장이라는 것도 종국에는 육체의 노쇠로 인해 사라질 것이다.

우리는 세월의 흐름을 달과 해의 변화에 따라 정해진 과학적인 법칙을 중요시하고 믿음으로써 달력이라는 도구를 보고 나이를 측정하고 인간의 서열을 구분한다. 이러한 고정된 틀은 동물이나 인간의 생명을 하나의 틀로 고정시켜 버린다. 초년, 중년, 장년, 노년기라는 단어로 세월의 흐름을 특정 짓는다.

이러한 틀은 인간의 삶에 큰 도움이 되지 않는다. 1년 단위라는 지나가는 시간들에 대해 너무 민감할 필요는 없다. 오래 사는 것이 중요한 것이 아니라 '년'이라는 고정된 틀을 깨고 연속상의 시간 흐름을 큰 틀 속에서 그대로 받아들이는 지혜가 필요하다. 고정된 세월의 흐름을 깬다면 인간의 삶은 더욱 풍요로워질 수 있다.

천류불식(川流不息)이라는 단어가 있다. '흐르는 물은 쉬지 않는다.'라는 의미다. 세월도 마찬가지다. 흘러가는 것이다. 우리의 생각을 바꾸는 작업을 통해서 행복한 인생을 가꾸어 나갈 수 있다. 이를 그림으로 표현하면 다음과 같다.

그림2 ‖‖

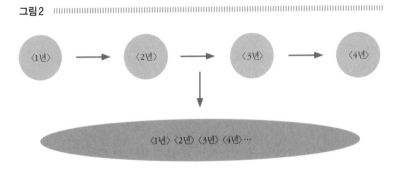

‖‖

따라서 여러분들이 살아가는 인생에서 세월의 개념을 "1년이 지났다. 또 1년이 지나가는구나."라고 구분 지을 것이 아니라, 세월의 흐름에 경계를 두어 단절시키지 않고 "내가 이 세상에서 살아갈 날이 100년"이라는 큰 틀로 바라보라는 것이다. 그러면 세월이 끊어지지 않고 연속으로 있기 때문에 마음의 평안과 여유를 찾을 수 있을 것이다.

07

메모하는
습관을 가져라

"스케줄을 메모하지 않는 대표이사는 그 자리에 앉을 자격이 없다."
— 헨리 포드[3]

창의력은 어느 순간 머릿속에서 떠오른다. 기발한 아이디어도 마찬가지다. 우리는 이러한 영감을 무심코 간과하거나 다음번에 기록하자는 생각 때문에 놓쳐 버리는 수가 많다. 지금부터라도 메모하는 습관을 가져라.

메모란 상대방과 대화할 때 그 내용을 이해하거나 기록으로 남기거나 요약하기 위해 수첩에 적는 행위를 말하지만, 24시간 어느 때든 기록하고픈 생각이 떠오를 때 쓰는 순간적인 행위를 말한다. 잠을 자다가도 좋은 생각이나 아이디어가 떠오르면 벌떡 일어나서 메모하

---

3 미국 기업인(1863~1947). 1936년 포드재단을 설립했으며 '자동차 왕'으로 불린다.

라. 그러나 대부분 사람들은 일어나기가 귀찮기 때문에 기록하는 행위를 이행하기 힘들다.

메모는 시간 관리와 밀접한 관계가 있다. 메모를 통해서 시간이 통제되기 때문이다. 순간의 메모가 일생을 좌우할 수 있고, 근거가 될수 있다. 특히 나이가 들수록 메모하는 습관은 더 필요하다. 인간은 망각의 동물이므로 기록을 하지 않으면 잊기 마련이며, 좋은 생각도 메모하지 않으면 잊히기 십상이다.

메모는 기록과도 같다. 기록은 메모장 또는 책이라는 형체로 남겨진다. 우리의 역사는 메모의 역사요 기록의 역사다. 그러나 메모와 기록은 차원이 다르다. 메모는 짧은 기록을 말하므로 단순한 기록의 범주에 포함된다고 할 수 있다.

다시 말하면 메모는 잊지 않기 위해서 또는 타인에게 전달하기 위해서 요점만 글로 적은 것을 말하며, 기록은 주로 후일에 남길 목적을 가지고 어떠한 사실을 적는 행위를 말한다. 따라서 메모는 업무 지시 사항이나 순간적인 아이디어를 간략히 쓰는 것이고, 이에 반해 기록은 일기, 시, 소설, 수필 등 장시간 남겨 두기 위한 의도적인 글쓰기라고 정의할 수 있다.

메모하는 습관은 자신을 돌아보는 계기가 될 수 있고 발전의 방향을 제시해 줄 수도 있다. 메모는 자신의 생각에서 기록하는 경우도 있지만, 직장 생활에서 상사의 지시를 수행하기 위한 기록으로도 쓰인다. 지시한 사항을 메모하고 일할 자료를 정리, 처리함으로써 업무의 효율성을 높일 수 있다. 급변하는 세상에서 메모하지 않으면 퇴보

된다. 좋은 글귀나 명언이 있으면 메모해서 한 번쯤 써먹는 것도 매우 유익할 것이다.

저자의 경우, 잠을 자다가 불현듯 좋은 아이디어가 떠오를 때 일어나기가 귀찮아 그냥 잠든 경우가 있었는데 그다음 날 아무리 기억해 내려 해도 떠오르지 않아 안타까웠던 적이 종종 있다. 귀찮더라도 자리에서 일어나 기록을 하면 좋은 아이디어로 남겨질 확률이 대단히 높다.

그리고 메모하는 습관은 지나간 일을 되짚어 주는 효과와 기억을 되살려 주는 일석이조의 효과가 있다. 우리들이 일상적으로 느끼는 사계절의 변화는 매년 거의 비슷하게 반복되는 것이다. 그럼에도 마치 새로운 것을 경험하는 듯한 것은 메모와 기록의 흔적이 없기 때문이다. 우리 뇌는 기억의 한계가 있기 때문에 수시로 망각을 하며 자기와 깊은 관련이 없는 부분들은 뇌리 속에서 지워 버리는 습성을 가지고 있다.

예를 들면, 금년 가뭄이 극심하면 비가 언제 올지에 대해 근심 걱정에 휘말린다. 사실은 지난 몇 년간의 기록을 살펴보면 거의 비슷한 시기에 비슷한 현상이 일어났으며, 비슷한 경험을 겪었다는 것을 알 수 있다. 폭설이 내리는 경우나 폭우가 쏟아지는 경우도 비슷하다. 해마다 비슷한 날짜에 어김없이 같은 현상이 나타난다. 그래서 메모나 기록의 습관이 중요한 것이다. 이를 잘 아는 사람은 기록을 펼쳐 보면서 미래를 예측할 수 있는 지혜를 발휘해 남들보다 정확한 정보를 이야기할 수 있다.

또한 메모의 습관은 정리하는 습관을 길러 주며 논리력을 기르는 데도 큰 힘을 발휘한다. 메모의 습관은 창의력과 상상력의 바탕이 된다. 가장 대표적인 기록으로 일기를 들 수 있다. 메모의 범주를 벗어난 일종의 기록인 일기는 매일매일 일어나는 현상에 대해 느낌을 적고 사실을 적시하는 일이다. 매일 일기를 씀으로써 언어 사용의 폭이 넓어지고 생각하는 힘이 강력해진다.

일기를 쓰는 동안 자기도 모르는 사이에 글이 정리되고 편안한 문장이 탄생된다. 그래서 일기는 일종의 글쓰기 연습이라고 할 수 있다. 글쓰기는 반복적인 행위가 일어날 때 실력이 붙는다. 전문적인 글쓰기를 위해 학원을 다니거나 전문가로부터 강의를 듣지 않더라도 자연스럽게 자신만의 멋진 글을 쓸 수 있다.

순간의 메모가 쌓여 기록이 될 수 있다. 메모는 불완전한 글이기 때문에 메모에 자신만의 독특한 어휘력을 붙여 기록을 해 나가면 타인과 구별되는 자신만의 글로 탄생할 수 있다. 전국 300개 지점을 운영하고 있는 '석봉토스트'의 김석봉 사장은 "평생 바쁘게 살았지만 돌아보면 기억에 남는 것이 없다. 시간을 도둑맞은 기분이다."라며 2001년부터 자신의 하루를 체크하기 위해 일기를 체계적으로 쓰기 시작했다고 한다.

그는 하루 일과를 즉시 해야 할 일, 미룰 수 있는 일, 남에게 부탁해도 될 일의 3단계로 나눠서 메모의 습관을 길렀으며 꿈과 명예와 돈이 모두 시간에 있었다는 걸 깨달았다고 한다. 덧붙여, 글쓰기의 가장 기본적인 것이 일기라고 이야기했다. 그리고 월터 클라이슬러는

"가장 엄격한 공사감독은 매일매일 해야 할 일을 메모하는 일이다."
라며 메모의 중요성을 설파했다.

일기를 쓰는 습관이 자연스럽게 갖춰지면 그다음은 한 가지 주제를 놓고 자신만의 글쓰기 연습을 해 보는 것이 중요하다. 처음에는 힘들어 보이지만 시간이 갈수록 글쓰기가 재미있어지고 자신도 모르는 사이 글쓰기가 향상되어 있을 것이다.

메모하는 습관을 들여라. 창의성과 독창성과 기억력을 가져다주는 마술 같은 일이 벌어질 것이다.

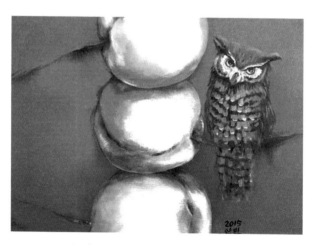

크기 91 * 65 복숭아와 부엉이 acrylic gouache, 2017년

취미 반란

01

지나간 일을
후회하지 마라

"절대 어제를 후회하지 마라. 당신의 인생은 오늘에 있고 당신 스스로 내일
을 만드는 것이다."

— L. 론 허바드[4]

지나간 일을 후회하는 것은 어리석다. 시간은 머물러 있지 않으며,
인생은 태어나서 죽음에 이르는 것이 일생이다. 미래를 위해 지나간
일을 돌아보는 것은 좋지만, 후회하는 일은 바람직하지 못하다. 이는
현재를 바탕으로 미래를 설계하는 일도 모자라기 때문이다. 현재는
곧 과거이며 지금 이 시간도 시시각각 흘러가고 있다.

나이가 들어 "어릴 적 공부에 대한 욕심은 많았다." 이런 후회스런
말들은 많이 할 것이다. "학창 시절 지금처럼만 열심히 공부했더라면

---

4 Never regret yesterday. Life is in your today, and you make your tomorrow. L.Ron Hubbard(1911~1986,
   미국작가)

명문대학 진학은 따 놓은 당상이었을 것이다.”라는 후회를 해 본 적이 있을 것이다.

1970년대 중학교 1학년 무렵, 서울과 수도권으로 전학하는 붐이 일었다. 서울과 수도권으로 진출하는 것이 좋은 대학을 갈 수 있고 출세의 지름길이라는 논리였다. 분위기에 휩쓸려 서울에 살고 계신 외삼촌댁으로 주소를 옮기고 전학을 가게 됐고, 낯선 타향살이가 시작됐다.

이후 후회의 연속은 내 인생에서 오점과 큰 상처로 남게 됐다. 고등학교를 진학하고서도 중학교 때 열심히 공부할 걸, 고등학교 2학년 때는 1학년 때를 생각하며 후회하는 날들로 마음의 상처는 깊어 갔다. 학문적인 기초를 쌓지 못하고 후회의 더미만을 가득 채우는 생활은 고달픈 지경이었다.

공부를 잘하지 못해 일반대학에 진학하고도 어릴 적 꿈에 대한 미련은 또 다른 후회를 가져왔다. 대학 생활도 현실 직시를 못한 채 얼렁뚱땅 보냈으며, 졸업 후에도 나태한 생활의 연속이었다. 한동안 과거에 얽매어 살았던 때를 후회하고 자신을 매몰차게 학대한 적도 있었다. 이러한 행위가 스스로에게 부정적으로 작용하고 후퇴의 결과를 가져왔음은 당연하다.

저자가 옛일을 떠올리는 이유는 지나간 일에 대한 집착은 인생에 도움이 되지 않는다는 것을 설명하기 위함이다. 위에서 언급한 한정된 시간을 사는 우리들에게는 오늘을 살아가기에도 바쁜 세상이다. 지나간 일을 생각하는 순간은 반성의 시간을 가지거나 미래를 설계하기 위한 재충전의 시간에만 필요하다. 현재는 과거와 미래의 교집합이다. 지금 이 순간이 현재이기 때문에 현재는 순간이며 찰나다.

우리들은 미래를 창조하기 위해 현재를 산다. 지나간 일을 후회한다는 것은 현재에 충실하지 못하다는 반증이다. 그래서 세심한 주의와 사고가 더욱 필요하며 현재를 진중하게 생각하는 것은 대단히 중요한 일이다. 메이슨 쿨리는 "낭비한 시간에 대한 후회는 더 큰 시간 낭비"라고 말했으며, 빅토리아 홀트는 "절대 후회하지 마라. 좋은 일이라면 그것은 멋진 것이다. 나쁜 일이라면 그것은 경험이 된다."고 말했다.

지나간 시간을 후회하는 것은 부질없는 짓이다. 과거를 통해 현재를 통찰하고 현재를 미래를 바라본다는 의미보다는 현재를 바탕으로 미래를 설계하는 것이 삶의 지혜다. 현재를 얼마나 진실하게 살 수 있을 것인가 그리고 남은 미래를 어떻게 살 것인가에 대한 고민이 인생의 내공을 깊게 만든다. 급박하게 돌아가는 미래의 세계는 우리에게 크나큰 메시지를 남기고 있다. 과거에 얽매이지 말고 미래에 무엇을 할 것인가를 고민하고 생각하라는 것을.

지금은 제4차 산업혁명 시대라 일컬어진다. 사물인터넷과 인공지능(AI), 로봇과 생명과학이 주도하는 산업혁명이다. 조금 더 설명하면 웨어러블 인터넷과 자율주행 커넥티드카, 3D 프린팅, 로봇공학, 빅데이터, 디지털 통화, 블록체인 등이 새로운 기술로 손꼽힌다. 우리나라도 신 성장 동력확보와 미래 먹거리 산업에 몰두하고 있는 실정이다. 개인은 물론 사회, 국가도 미래 전략을 위해 힘을 쏟아내야 할 긴급한 시대다. 따라서 지나친 과거의 집착은 현재와 미래를 망친다. 지나간 일을 후회하지 말고 미래를 향해 생각하라.

그림3 현재는 과거와 미래의 교집합 ‖‖

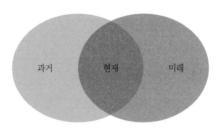

02

일주일에 최소 하루는
자신이 하고 싶은 일을 하라

"자기가 할 수 있다고 생각하는 사람은 승리한다."

— 아놀드 파머[5]

인생의 행복은 어디에 있는 걸까? 본인의 마음에 달려 있다. 행복을 가장 많이 언급하고 있는 곳은 종교 분야다. 우리나라의 대표적인 종교로는 기독교와 불교, 유교 등을 꼽을 수 있겠다. 여기서는 종교적인 차원이 아니라 우리가 현재 처해 있는 대한민국을 중심으로 생각해 보고자 한다.

우리는 자본주의 국가에 살고 있다. 돈이 생활을 지배하고 사회생활을 영위한다. 저자가 아는 어느 지인은 매년 두 번 해외로 배낭여

---

5 Arnold Daniel Palmer(1929~2016, 전 골프선수). PGA 투어에서 수많은 우승으로 '킹(The King)'이라는 별명을 얻었다.

행을 떠난다고 한다. 한 번은 혼자, 또 한 번은 가족을 동반한다고 한다. 홀로 가는 여행은 경비도 많이 들지 않을뿐더러 다양한 민족과 만나면서 체험하는 좋은 경험이라고 한다. 언어도 문제가 되지 않고 숙박과 음식도 크게 걸리지 않는다. 단지 "내가 홀로 이 여행을 할 수 있을까?"라는 의문을 불식시킬 수 있다면 큰 문제는 아니라는 것이다. 일단 한번 해외에 나갔다 오면 시야도 넓어질 뿐만 아니라 다양한 경험을 업무에 적용할 수 있어서 큰 틀이 보인다는 것이다.

가족을 동반한 여행은 가급적 휴식을 위한 공간으로 마련한다고 한다. 많은 생각을 하지 않고 가족이 좋아하는 것을 위주로 단순하게 여행 패키지를 짠다는 것. 그는 가족들의 웃음과 만족하는 모습 안에서 행복을 느낀다고 한다.

아직 결혼을 하지 않은 미혼자인 경우에는 자기계발에 힘써라. 요즘은 하루가 멀다 하고 자기계발서가 넘쳐난다. 특히 인터넷의 발달로 인터넷 검색을 통해 정보의 홍수 속으로 침잠해 들어갈 수 있다. 정보의 홍수 속에서 좋은 정보를 취사선택하는 현명함이 매우 중요하다.

건강을 위해서 육체적인 활동도 요구된다. 헬스나 걷기 운동도 좋고, 테니스나 자전거 타기도 좋다. 그렇지 않으면 동호회에 가입하여 전국을 순회하는 계획을 잡아 활동 영역을 넓히는 것도 괜찮다. 이렇게 다양한 활동을 하다 보면 자연스럽게 연애할 수 있는 기회도 잡을 것이고, 자신에 맞는 배우자를 만나 결혼에 골인할 수도 있다.

기혼인 경우에는 가족과 함께할 수 있는 일을 하는 것이 좋다. 이를 위해서는 부부와 자녀가 함께할 수 있는 취미 활동을 갖는 것이 중요하다. 아이들은 성장하면서 자기 또래 아이들과 어울려 다니므로 가급적 부부가 할 수 있는 활동을 찾고 행하는 것이 바람직하다. 예를 들면 등산 활동이나 가까운 곳으로의 여행, 자전거 타기, 산책 등은 힘들지 않으면서 실행할 수 있는 좋은 취미거리다. 같은 취미를 즐기면서 부부간 대화할 수 있는 기회도 자연스럽게 생길 것이고, 가족 간의 문제점이나 미래 계획에 대한 의견을 교환함으로써 가족의 행복을 가꾸어 나갈 수 있을 것이다.

자기만의 시간을 갖는 것은 집 안에 있을 경우가 많을 것 같다. 도시민이라면 화초 가꾸기도 괜찮고, 시골에 있는 사람이라면 텃밭 가꾸기도 괜찮은 소일거리가 될 것이다. 그리고 시골과 도시 공통적으로 사색이나 독서, 영화 감상 등도 좋은 취미거리가 될 것으로 보인다.

4,50대가 되면 외로움을 타기 마련이다. 그동안 여성의 전유물로 되어 있던 우울증이나 외로움은 더 이상 그들만의 것이 아니다. 여성의 본격적인 사회진출로 인해 남성이 해야 할 일들이 분담되었고, 남성의 영역이 좁아짐에 따라 남성의 지위도 점점 하락하고 있다. 여성들의 사회성도 증가하고 있을 뿐만 아니라 그 역할도 남성을 뛰어넘고 있다.

과거에 남성들은 직장에서의 스트레스를 회식을 통한 술이나 잡담으로 풀었지만, 여성들은 가정을 지키고 남편을 내조하며 자식들을 양육하는 데 몰두해 왔다. 따라서 켜켜이 쌓여 있던 불만투성이들이 한꺼번에 폭발할 수 있는 내재성과 풀리지 않는 갈등으로 진행될 수도 있었다. 그러나 여성들의 활발한 사회 진출은 이러한 우려의 격차를 좁히고 있으며, 이제 남녀 모두 공통적으로 고민하는 문제가 되었다.

이에 따라 남녀 누구나 자신만이 할 수 있는 공간 영역을 확보해야 할 당위성으로 귀착했다. 남녀가 가지고 있는 고통과 갈등의 문제는 다소 다를 수 있으므로 각자 일주일 최소 하루만이라도 자신만의 시간 속에서 자기가 하고 싶은 일을 한다면 정신적으로 여유로운 풍성함을 누릴 수 있을 것이다. 아내는 남편을, 남편은 아내를 위해 서로의 휴식영역을 제공해 주는 것. 서로의 여유를 찾아 주는 지혜가 필요하다.

03
자투리 시간을
독서로 활용하라

"30분이란 시간이 티끌과 같은 것이라고 말하지 말고 그동안이라도 티끌과 같은 일을 처리하는 것이 현명한 방법이다."

— 괴테

자투리의 사전적 의미는 "커다란 물체 덩어리가 작고, 조각조각 잘린 형상"이다. 시간적 개념으로는 남겨진 것, 불필요한 것을 말하기도 한다.

책을 읽는 방법은 사람마다 다르다. 어떤 사람은 정독을 하고, 어떤 사람은 속독을 하며, 어떤 사람은 다독을 하면서 복합적인 방법을 겸한 여러 가지를 병행하기도 한다. 대다수 유명한 인물들의 공통점은 다양한 책을 많이 읽었다는 데 있다. 특히 어려서부터 책 읽기 습관이 생활화되면서 자신의 꿈과 이상을 실현한 사람들이 많다. 안철수 교수, 박원순 서울시장, 반기문 유엔사무총장 등이 그렇다.

책 읽기는 시간 나는 대로 하는 것이 좋다. 자투리 시간에는 읽기에 쉽고 편한 책이 좋고, 전문 서적은 많은 시간을 필요로 하며 정독하기에 적당한 분위기가 필요하다. 독서에는 왕도가 없다. 맛있는 음식도 먹어 본 사람이 알 수 있듯이 독서도 해 본 사람이 잘 알 수 있는 법이다. 독서를 하다 보면 전문 서적의 필요성도 느끼고, 자신이 읽고 싶은 분야도 문득 떠오르게 된다.

일단은 보기에 쉽고 본인의 적성에 맞는 독서법을 권장한다. 독서에 취미를 붙게 하는 것이 제1단계이므로 취미가 생기면 그다음 단계로 자연스럽게 연결된다. 사실 자투리 시간이라는 것은 시간의 소중함을 아는 사람만이 안다.

요즘 인문학 강좌•가 대세다. 인문학은 휴머니즘이요, 휴머니티다. 휴머니티의 근본은 인간에 대한 사랑이다. 매스미디어의 발달로 세계적으로 유명한 교수나 강사의 강의를 접하기 쉬워졌다. 굳이 호흡을 함께하지 않는 동영상 강의라도 때로는 현장에 있는 듯한 착각을 불러일으킬 정도로 강의 내용이 튼실하다. 독서도 간접 경험이지만 강의를 듣는 것도 매우 좋은 간접 경험이 된다. 강의를 하는 분들은 평생 자신이 몰두한 연구 업적이나 사상체계를 기반으로 한 전문가이기 때문에 보통 사람들이라면 평생을 해야 할 연구 업적을 단 몇 시간만에 이해할 수 있는 준거의 틀이 된다.

독서의 중요성 때문에 뒷부분에서도 또 거론하겠지만, 책에는 마법이 들어 있다. 그럼 자신에게 맞는 책은 무엇인가? 우선 독서를 할 때 재미가 있어야 한다. 억지로 읽는 책은 이미 가치가 없다고 볼 수 있다. 책의 내용도 재미있어야 할 뿐만 아니라 책을 읽는 독자들도 긍정적인 마인드를 가지고 책을 읽을 준비가 돼 있어야 한다.

두 번째는 이해할 수 있어야 한다. 그래서 책을 읽는 방법이 중요하다. 속독과 정독을 잘 선택해 반드시 이해할 수 있도록 책을 읽어야 한다.

세 번째는 읽기에 편안해야 한다. 이해의 폭과도 관계가 있는 것으로, 책을 읽는 데 불편하거나 스트레스를 받는다면 마음가짐이나 책의 수준을 바꿀 필요가 있다.

네 번째, 책을 읽기 시작했으면 끝까지 읽을 수 있는 책이 자신에게 맞는 책이다. 책을 읽는 동안 "몇 페이지 읽었나?", "몇 페이지 남았나?"라는 생각이 든다면 다시 한 번 책의 수준과 본인의 마음을 정리해야 한다.

수불석권(手不釋卷)이라는 말은 '책을 한시도 손에서 놓지 않는다.'는 말로, 책 읽기에 대한 사랑과 독서의 중요성을 말하고 있다. 그런데 인생은 유한하기 때문에 닥치는 대로 책을 읽어서는 안 된다. 책의 선택이 중요한 이유다. 요즘 온·오프라인을 통해 세상에 나오는 책의 종류와 수는 무궁무진하다. 하루가 다르게 정보가 쏟아져 나온다는 표현이 맞을 것이다.

책 읽기에도 치밀한 계획을 세울 필요성이 있다. 자신이 시간 또는 하루에 읽을 수 있는 양이 얼마나 되는지, 한 달에 어느 정도 읽을 것인지를 생각하고 어떤 책을 골라서 읽을지 분석하고 검토하는 작업이 필요하다. 책을 읽는 이유는 내가 경험하지 못한 세계에 대해 단시간에 알아볼 수 있고, 이해할 수 있을 뿐만 아니라 정신과 마음을 안정시키고 지적인 능력을 함양시킬 수 있는 좋은 방법이기 때문이다.

그래서 독서를 할 때는 신체적 자세도 매우 중요하다. 바른 자세를 통해 몸을 상하게 하지 않을 수 있으며, 독서에 더욱 집중할 수 있기 때문이다. 가급적 몸을 바르게 할 수 있는 편안한 의자와 책상이 필요하다. 시간이 허락되는 대로 책을 읽어라. 인생의 해답을 들려줄 것이다.

크기 130 * 100 씨앗 acrylic gouache, 2017년

04
인생의 최고선은
건강이다

> "건강이 있는 곳에 자유가 있다. 건강은 모든 자유 중에서 으뜸가는 것이다."
> **– 앙리 프레데릭 아미엘**[6]

재산을 잃는 것은 조금 잃는 것이요, 명예를 잃는 것은 많이 잃는 것이다. 그러나 건강을 잃으면 인생을 잃는 것과 같다는 말이 있듯이 건강을 잃으면 할 수 있는 일의 범위가 급격히 줄어든다.

건강을 잃는 것은 생명과 직결되는 사항이니 만큼 평상시에 건강관리에 주의를 기울여야 한다. 건강을 잃으면 하고 있는 모든 것들이 중단되며, 주위에 연결되어 있던 인맥들도 사라지게 된다. 삶이란 생명이며, 살아 있다는 반증이다. 건강을 완전히 잃었다는 것은 생명을 다한 것, 즉 죽은 것과 진배없다. 동물은 움직임이 없으면 혈액순환

---

6 Henri Frederic Amiel(1847~1881). 스위스의 철학자.

이나 신체기능이 점차 상실되어 죽음에 이르게 된다.

평소에는 건강의 중요성을 잘 느끼지 못하다가도 지인이 아파 병문안을 가면 왜 그리 아픈 사람들이 많은지 저절로 한숨이 나오는 경우가 많다. 병의 종류도 수백 가지겠지만, 가는 병원마다 문전성시를 이룬다. 모든 사람들은 병원에 언제 입원할지 모른다. 사람의 상황은 아무도 알 수 없기 때문이다.

병실에 누워 링거에 의존해 고통스러워하는 환자를 볼 때면 '생명은 본인의 마음대로 되는 것이 아니구나!'라는 생각이 든다. 언제 쓰러질지 모르는 신체와 인생. 어느 날 문득 자신이 중병에 걸려 병실에 누워 있다면 그때부터는 자신의 신체와 인생이 아니다. 다행스럽게 중병이 잘 치료되어 건강을 회복하면 좋겠지만, 병을 이기지 못하고 세상을 떠나는 경우가 부지기수다.

사실 우리는 얼마나 많은 사람들이 하루에 세상을 떠나가는지에 대해 신경을 쓰지 않을뿐더러 뉴스를 통해 누가 교통사고를 당해 사망하든지, 화재로 목숨을 잃든지 크게 신경 쓰거나 문젯거리로 삼지 않는다. 이렇듯 평상시 죽음에 대해 크게 생각하지 않는다는 것이다. 그러나 막상 죽음의 존재가 자신에게 닥쳤을 때 비로소 건강의 중요성을 느끼게 된다.

고대 그리스 에피쿠루스학파는 인생의 최고선을 '행복'이라고 보았다. 행복은 너무나 막연한 단어이기 때문에 범위를 좁힐 필요가 있어, 건강을 최고선이라 해도 무방할 것 같다. 언급한 바와 같이 젊었을 때 건강을 잃는 경우는 드물다.

어르신들의 사망 원인 1위는 보통 폐렴이다. 매년 25만~27만 명이 입원하며 고령층에서는 암보다 사망률이 높은 무서운 질병이다. 폐렴은 2002년 사망 원인 12위에서 2012년 사망 원인 6위로 올라섰다. 2015년 폐렴 진료 인원 중 가장 많은 비중을 차지하는 연령대는 10세 미만 어린이였지만, 가장 많이 증가한 연령 구간은 80세 이상(3만 6,906명)이었다. 노인의 경우 폐의 기능과 면역력이 떨어져 바이러스나 세균에 쉽게 감염되고, 젊은 층에 비해 사망으로 이어질 확률이 높다.

실제 국내 폐렴 사망자의 98%가 60세 이상이다. 기존에 앓고 있던 당뇨병·심장병 같은 만성질환이 악화될 수 있고, 면역력이 낮은 탓에 흉막염(폐를 둘러싸는 막에 염증이 생기는 것), 패혈증(전신에 염증이 퍼지는 것), 호흡곤란증후군 같은 치명적인 합병증도 잘 생기는 것도 폐렴으로 인한 노인 사망률이 높은 원인이다. 폐렴은 2015년을 기준으로 국내 사망 원인 4위를 차지할 정도로 무서운 병이지만, 노인 폐렴 환자의 20~30%는 증상이 없어 뒤늦게 병원을 찾아 병을 진단받는다.

건강할 때와 달리 노화가 오면 면역력이 떨어진다. 이때 폐렴균이 신체를 공격해 생명을 위협하며, 연령과 무관하게 당뇨병과 같은 만성질환이 있거나 면역억제제를 사용하고 있어도 폐렴의 위험성이 커진다. 만 65세 이상 노인들은 폐렴에 걸리면 대개 입원하는데, 그중 일부는 중환자실로 옮겨지며 사망에 이르는 위험한 질환이다. 특히, 독감이 유행할 때는 폐렴으로 입원하거나 사망하는 경우가 늘어나므로 각별히 주의가 필요하다.

폐렴을 예방하는 방법으로는 폐렴구균 예방접종은 필수이며, 독감 예방접종도 함께 맞을 것을 권유한다. 또, 운동과 풍부한 영양 섭취, 충분한 수면, 방 안 환기와 손 씻기 등 청결한 생활은 필수라고 할 수 있다. 흡연과 음주가 과하다면 줄이거나 끊는 것이 중요하며, 감기가 길어지면 폐렴을 의심해야 한다. 우리나라에서는 항생제를 많이 사용하므로 항생제의 오남용은 조심해야 할 부분이다.

우리나라는 예방의학이 잘 발달되어 있다. 매년 건강검진을 통해 각종 질병을 사전에 파악할 수 있어 조기 발견으로 암과 중병질환들을 치료할 수 있는 길이 열렸다. 정밀한 건강검진을 받는 것도 건강을 지키는 중요한 방법이지만, 이와 함께 삶을 긍정적이고 바람직한 방향으로 생각하고 여유로운 마음가짐도 건강한 생활을 지탱하는 지름길임을 명심하자.

육체가 병들면 마음도 병들 듯, 이를 예방하기 위해 평소 적당한 운동을 통해 근력을 키우는 것도 최고선을 지키는 노력이다.

05

동반자와
함께하라

> "부부 생활은 길고 긴 대화 같은 것이다. 결혼 생활에서는 다른 모든 것은 변화해 가지만 함께 있는 시간의 대부분은 대화에 속하는 것이다."
> – 니체[7]

동반자란 보통 부부 사이를 말한다. 결혼을 하는 이유는 서로의 부족한 부분을 채워 주고 넘치는 부분은 나누며 더불어 행복을 추구해 나가기 위해서다. 젊은 시절에는 세상이 두 쪽 나도 영원히 함께하겠다며 시간이 아까워 밤을 지새우지 않았는가?

동반자와 함께할 수 있는 대표적인 것은 취미활동이다. 다행히 두 사람이 비슷한 성향이라면 문제될 것이 없겠지만, 그렇지 않은 경우에는 한 사람이 양보하고 배려하는 마음을 가져야 한다. 부부가 함께한다는 것은 서로를 이해할 수 있는 소중한 시간이 된다. 공통가치는

---

7 Friedrich Nietzsche(1844~1900). 독일의 철학자이자 시인.

같은 방향을 바라보는 것이기에 함께 취미활동을 하면서 대화하고 소통할 수 있는 시간을 공유하게 된다는 의미이다.

부부는 가정을 이루며 한 지붕 아래에 살며 한방을 쓰는 존재이다. 많은 시간을 공유하면 할수록 가정은 평화롭고 안정된다. 부부 중심의 가정은 아이들에게도 영향을 직접적으로 미치며 부부의 활동은 곧 아이들의 표본이 된다는 것이다. 아이들은 부모의 행동을 보고 생각에 영향을 받으며 자라나기 때문이다.

건강한 삶의 기본은 부부간 의사소통이 원활할 때 완성된다. 서로를 챙기고 보호하며 아껴 주는 마음속에서 정신적 안정과 육체적 안정이 상호 조화를 이룰 수 있기 때문이다. 부부란 한마음이 되는 것이다. 한마음이란 서로 욕심을 버린 상태를 말한다. 불화는 욕심으로부터 생겨난다.

가족의 중요성을 일깨워 주는 저자의 글이 있어 여기에 소개해 볼까 한다. 이 글은 2004년 여주군(현재는 여주시) 여성단체협의회에서 주최한 사랑, 믿음, 행복한 가정을 가꾸기 위한 부부가 함께 쓰는 러브레터에서 '행복으로 가는 길'이라는 주제로 우수상을 받았다.

행복으로 가는 길 :

나는 천주교 신자지만 지금은 냉담자다. 그러나 감히, 성모마리아에게 고백하는 심정으로 사랑하는 아내에게 이 편지를 쓴다. 내 생활의 전환점이자 가정의 행복을 가져다준 역사적이고 운명적인 세월이 주마등처럼 흘러간다.

꼭 작년 이맘때였다. "왜 이리 힘든 거야." 화가 치밀어 올랐다. 아침에 일어나 출근 준비하고 있는데 '이불을 개고 가라'는 아내의 말에 이불을 개면서 나도 모르게 튀어나온 말이다. 비대해진 몸매, 앞으로 나온 아랫배, 가시지 않은 피곤함, 내 자신에 너무 화가 난 것이다. "운동을 해야 할 텐데, 운동을…." 출근을 하면서 아내에게 말을 건넸다. "안되겠다. 오늘부터 운동을 시작할란다." "얼마나 하려고?" 아내의 빈둥대는 말투에 또 화가 치밀어 올라 대뜸 신경질을 내면서 현관문을 박차고 나섰다. "어휴, 마누라한테 멸시받고…." 생각할수록 분한 마음을 달랠 수 없었다. 하루 온종일, 분이 풀리지 않아 이런 생각, 저런 생각을 많이 했다. 퇴근시간이 지나고 집에 들어갈 생각이 추호도 없어 발걸음을 공설운동장으로 돌리게 된 사연이다.

스탠드에 가만히 앉아 운동장 트랙을 돌고 있는 사람들을 유심히 지켜보았다. 뛰는 사람, 걷는 사람, 중년의 남자, 아주머니, 처녀와 총각, 아이들…, 연령별로 모아 놓은 군중 같다는 생각이 들었다. 그다음 날도 또 그다음 날도 퇴근 후 운동장 스탠드를 찾은 1주일 되던 날, 어둠이 사방에 짙게 내려 운동장에 홀로 남게 됐다. 하늘에 반짝이는 별들을 벗 삼아 하염없이 생각에 잠겼다. 찬바람이 옷깃을 파고들기 시작했다. 천천히 스탠드를 내려오던 중 어디선가 금속소리가 들려왔다. 땡~ 여운을 남기며 귓전을 맴돌았다.

뭘까? 가만히 살펴보니 운동장 본부석 아래에서 불빛이 새어 나오고 있었다. 발걸음을 옮겨 다가가 보니 내부가 훤히 들여다보인다.

한 청년이 줄넘기를 하는 듯하다. 문 앞에 서서 마냥 쳐다보고 있었다. 땅~ 공이 울리자 이번엔 줄넘기를 멈추고 마룻바닥을 주기적으로 껑충껑충 뛴다. 그의 얼굴 가득히 흐르는 땀방울. 얼마나 지났을까? 공 소리가 울리자 이번엔 글러브를 낀다. 몸놀림이 가볍다. 샌드백을 두드린다. 스트레이트, 잽, 훅…, 아! 권투구나. 한줄기 희망의 빛줄기가 들어온다.

다음 날 스탠드에 앉는 것을 대신해서 권투장 문 앞으로 다가섰다. "오늘은 10여 명 정도가 체육관을 메우고 있네." 혼자 중얼거리며 그들의 동작을 살펴본다. 가지각색이다. 어제 보았던 줄넘기 동작부터 샌드백 치기, 누워서 몸 풀기, 역기 들기, 왔다 갔다 움직이기…, 그런데 링 위에 체육관장으로 보이는 단단한 몸집을 가진 사람이 망막에 맺힌다. 스파링을 지도하는 듯 보인다. "움직여, 움직이란 말이야. 서 있으면 얻어맞잖아." 제법 큰 소리다. 흐르는 땀방울, 모두들 열심이다. "그래, 이거다. 한번 해 보자." 시계를 보니 오후 11시를 향하고 있다. 한두 사람씩 운동을 마치고 체육관을 떠나간다. 체육관 안으로 들어가 관장과 인사를 나눴다. "내일부터 나오십시오. 가장 원시적이고 매력적인 운동입니다."

이렇게 권투에 입문한 지 벌써 1년이 되어 간다. 생활의 활력소가 되었으며 삶의 일부가 됐다. 무기력한 삶이 생기 있고 신나는 생활로 바뀐 것이다. 가정생활의 패턴도 달라졌다. 매사에 자신감이 생기니 더 이상 나태할 수 없었다. 아내에 대해 더욱 관대해졌고, 아이들에게도 관심을 기울이게 됐다. 다른 사람에게도 자신만만하게 내 생활에 대한 생생함을 전할 정도가 됐다. 여유 있는 마음이니 아내를 더욱 사랑하게 됐고 아이들도 너무나 신나했다.

오늘 메뉴는 된장찌개란다. 올 12월이면 결혼 9주년을 맞는다. 큰아이가 8살 초등학생이 됐으니, 나이 탓도 있으려니와 10년이면 강산도 변한다는데 우리 집도 많이 변했다. 서로의 갈등을 상대방 탓만 했으니 그 세월이 안타깝기도 하지만 그러한 과정이 있었기에 오늘의 행복이 있는 것이 아닐까라고 생각하면 오히려 전화위복이 된 느낌이 든다. 오늘도 저녁 식사를 마치고 운동복 차림으로 운동하러 나서자 아내가 말한다. "너무 무리하지 말고 적당히 하고 와요." 살갑지 않은가?

1995년 서울에 살고 있던 아내를 이곳 여주로 데리고 왔다. 시골에 내려와 시부모와 시댁 식구를 대하는 것도 어려웠을 것이고, 낯선 시골 생활에서의 적응도 힘들었을 것이다. 그동안 함께 했던 가족들과 친구들을 등지고 한 남자만 믿고 시골로 내려왔으니 얼마나 외롭고 힘들었겠는가! 이런 부분들에 적응하기 위해서는 남편이 함께 껴안고 가야 할 부분이었음에도 불구하고 그땐 정말 뭘 몰랐었나 보다. 아내를 이해하기는커녕, 잘못을 지적하고 고치기를 강요하고 설득하려 했으니 오판이었음에 틀림없다.

그로 인해 상호 의견 차이를 보이면서 싸우기를 밥 먹듯이 했다. 대화가 되질 않았다. 조그만 일도 서로 이해해 주질 않았다. 결코 서로 지려 하지 않았다. 창피한 일이지만 주도권 싸움이었는지도 모른다. 특히, 두 딸을 가진 부모로서 아이들 앞에서의 싸움은 지금도 생각하면 가슴이 메어 온다. 아이들에게 얼마나 많은 상처를 남겼는지…, 몇 번씩 아이들 앞에서만은 싸우지 말자고 다짐했는지 모른다. 우리 부부에겐 아이들의 존재는 이혼이라는 법정싸움을 막아 주는 방패였다. 더 나은 행복을 위해서 이혼을 하라는 신문 칼럼이나 텔레비전 방송을 본 적이 있었지만 우리 부부는 그 대열로 끼는 것을 허락하지 않았다.

싸우면서도 대화를 나누길 수차례, 서로 원수가 되어 막가다가도 운명의 장난인지 우리 부부는 떨어질 수 없었다. 우리 부부는 결론을 얻었다. 모든 원인은 상대방에게 있는 것이 아니라 자신에게 있음을 깨달을 것이다. 남의 탓을 할 것이 아니라 자기 먼저 반성해야 한다는 사실을 상호 이해하게 된 것이다. 우리 부부는 참는 법을 실천해 갔다. 상대방을 배려하는 방법도 터득했다. 행복해지는 방법을 찾아내기 시작했다.

큰딸 서윤과 작은딸 정윤. 너무나 기특한 아이들이다. 초등학교 1학년에 다니는 서윤이는 아내에게 학습지도를 받으면서 정신 차리지 않는다고 혼쭐이 나기도 하지만 밝고 명랑한 성격에 금세 풀어지고 만다. 작은딸 정윤이는 4살이다. 철모르는 아이지만 그래도 언니를 먼저 생각하는 기특함이 있다. 아내는 아이들 뒷바라지에 힘들어하지만 이젠 어엿한 학부형으로서 이웃 친구들도 많이 사귀었다. 음식 솜씨도 제법이다. 우리 부부는 행복 찾기에 흠뻑 빠져 고민한다. "스폰하고 가~" 미워할 수 없는 악녀를 살며시 바라본다. "얼마나?" "오천 원. 점심때 애들 돈가스 사 주게." 참으로 알뜰한 악녀다. 우리 집 아이들은 '왜?'라는 말을 거의 사용하지 않는다. 내가 아이들이나 아내를 부를 때 아내가 나나 아이들을 부를 때 그리고 아이들이 나와 아내를 부를 때는 반드시 "예"라는 말을 사용한다. 상호 존중의 표시이기 때문이다. '서윤아' 하고 불렀는데 "왜요" 하고 대답했다가는 큰일 난다. 아빠가 딸을 불렀는데 '왜~'라니. 어찌 보면 가부장적 시대가 물씬 풍기는 것 같지만 절대 그렇지 않다. 기본에 충실하지 못하면 부차적인 것도 부질없는 일이 많다는 사실을 잘 알고 있기 때문이다.

"그리구, 이번 주말 복숭아밭에 가는 것 기억하고 있지요?" "그럼, 뇌리 속에 콕 박혀 나올 생각을 하지 않구 말구." "당신이 산다구 그랬지? 지난번처럼 파지 사지 말고 이번엔 좀 나은 비급으로 사자." "그러지 뭐." "당신이 사는 거다!" 다짐하고 또 다짐한다. "그럼, 당연하지." 복숭아 과수원에 간다는 말에 알뜰한 악녀도 좋아하지만 아이들이 더 좋아 집안 브루스다. 5일제 근무제로 인해 가게 지출이 많다지만 우리 부부는 걱정하지 않는다. 주말 우리 집 가게 지출은 1만 원~2만 원 정도면 떡치고도 남는다.

알뜰한 악녀에 엄마와 아빠를 늘 생각해 주는 두 딸. 지금은 얼마나 행복한지 모른다. 목소리 큰 악녀, 생기발랄해서 지네 집이 동네 놀이터인 양 아이들이 오두방정을 떨어도 집안 운영이 잘되는 걸 보면 내가 보아도 기네스북 감 집안임에 틀림없다. 그렇다고 애들 버릇없이 키우는 건 절대 아니다. 악녀한테 잘못 걸리면 눈물 한 동이 가지고도 부족하다. 아이들이 설설 긴다. 우리 부부는 비록 아이들이 어리지만 생각이 깊어서 이담에 커서 뭐가 되는지 너무나 행복한 고민에 빠지곤 한다. 악녀는 물론 아내를 지칭해 내가 붙인 별명이다.

다가오는 주말 날씨가 쾌청했으면 좋겠다. 파란 하늘과 싱그러운 복숭아. 시간이 더 주어진다면 포도밭도 들러 보아야겠다. 아름다운 자연, 아름다운 사람들이 사는 이곳, 행복 찾기, 행복 가꾸기에 안성맞춤인 이곳. 도자기, 쌀, 버섯, 고구마, 땅콩, 막국수, 매운탕, 가지, 부추, 포도, 배 등 특산물이 가득하고 황포돛배가 남한강에 유유히 떠가는 고장. 신륵사, 여성생활사 박물관 등 헤아릴 수 없이 많은 유적지와 관광명소가 어우러진 곳. 사랑이 넘쳐흐르는 고장 여주에서 우리 부부는 '행복으로 가는 길'을 걷고 있다.

동반자의 의미는 부부도 있지만 친구도 그 중요성을 더하고 있다. 아브라함 링컨(Abraham Lincoln)[8]은 "만약 상대를 당신 편으로 만들고 싶다면, 먼저 당신이 그 사람의 진실한 친구라는 것을 확신시키라."고 말한다. 영국의 체스터필드[9] 경은 어느 날 자신의 아들에게 "상대방을 결코 가르치려고 하지 마라. 상대방이 모르는 것이라면 자신이 아는 것을 결코 드러내지 마라. 그리고 상대방보다 더욱 현명해지도록 노력하라. 그러나 자기의 현명함을 상대방에게 눈치 채게 해서는

---

8 If you would win a man to your cause, first convince him that you are his sincere friend.
9 Philip Dormer Stanhope, 4th Earl of Chesterfield(1694. 9. 22〜 1773. 3. 24, 영국). 정치가·외교관. 예절, 사교술, 세속적인 성공 비법 등에 관한 안내서인 「Letters to His Son」, 「Letters to His Godson」의 저자로 유명하다.

안 된다."고 상대의 실수를 지적하지 말라고 경고한다.

인생을 살아가면서 가정에서는 따뜻한 부부관계를 이루고, 밖에서는 원만한 친구관계, 직장 생활 관계 또는 사업운영자로서의 파트너 관계 등의 조화로운 결합은 성공 포인트 중 하나임에 틀림없다.

크기 130 * 130 복숭아 acrylic gouache, 2017년

06

투자에 관심을 가져라

"첫째도 위치, 둘째도 위치, 셋째도 위치"

– 도날드 트럼프[10]

젊은 시절에는 패기와 용기를 가지고 대기업에 취업이나 창업 등을 통해 경제적 기반을 확충한다. 경제적 기반은 평생 살아가는 데 결정적인 요소다. 결혼을 하기 위한 필수적 요건이고, 물질적 풍요를 누리기 위한 결정체이기도 하다. 자기가 머무르고 있는 공간에서 성공도 하고 실패도 하면서 다양한 경험을 쌓는다. 실패를 하더라도 젊음이라는 무기를 가지고 다시 도전할 수 있는 힘이 있다.

청년기를 지나 중장년기로 접어들면서는 풍부한 경험과 노하우를 바탕으로 인생을 관조하게 된다. 그래서 일의 과정을 패기에 의존하

---

10 Donald Trump(1946. 6. 14 미국 뉴욕 출생). 전 기업인, 미국 제45대 대통령.

는 것이 아니라, 폭넓은 인생 경험의 지혜로 판단하게 된다.

주식 투자의 열풍은 2004년 우리나라가 IT강국을 꿈꾸는 시절에 몰아닥쳤다. 특히, 인터넷을 통한 주식 트레이딩은 주식의 매력을 한껏 뽐내는 시절이었다. 자금의 흐름이 실제 현금의 실체가 아닌 컴퓨터상에 보이는 숫자이기에 돈의 가치를 충분히 인식하기도 힘들었다.

우리 중년기의 대표적 자산은 부동산이다. 우리나라도 초고령 사회에 진입함에 따라 자식들에게 재산을 물려주던 40~50대들이 지금은 60대가 되더라도 재산이 자식들에게 흘러들어가지 않고 있다. 재산 관리가 중요하고 투자에 관심을 가질 수밖에 없는 이유다.

중장년기의 투자의 관점은 안정적인 투자기법을 사용하라는 것이다. 투자냐 혹은 투기냐 하는 관점이 중요하다. 여기서는 투자의 관점이다. 우리 50대 이상 중년들이 할 수 있는 투자의 관심은 크게 두 가지로 보면 좋을 것 같다. 부동산 투자와 증권 투자다.

먼저 부동산 투자에 대해 살펴보자. 부동산 투자에서 간단명료한 핵심으로 '위치'를 강조한 사람은 트럼프다. 위의 핵심 단어는 제45대 미국 대통령 당선자이며, 부동산 재벌 기업인인 도날드 트럼프의 철학을 보여 주는 강렬한 메시지로서, 자신이 잘 알고 있는 지역에 대한 투자가 확실한 성공을 가져온다는 뜻이다. 그는 투자의 노하우를 다음과 같이 밝혔다. "나는 개발 사업을 하루아침에 성공한 것이 아니라, 하루에 4시간 정도 자고, 일주일에 28시간 정도를 독서했다. 나는 부동산 투자에 대한 위험을 최대한 줄이기 위해 독서와 공부를 소홀히 하지 않았다."

그는 부동산 투자에 대해 "첫째, 투자에 대한 확신이 있다면 과감하게 도전하라. 둘째, 유연한 사고와 생각의 폭을 넓혀라. 셋째, 위험성을 항상 염두하고 투자하라. 넷째, 스스로 전문가가 되어라. 다섯째, 상품의 가격은 본인이 결정하라."라고 강조한다. 그의 저서『거래의 기술』에는 11가지를 언급하고 있다. 크게 생각하라. 항상 최악의 경우를 생각하라. 선택의 폭을 최대한 넓혀라. 발로 뛰면서 시장을 조사하라. 지렛대를 사용하라. 입지보다 전략에 주목하라. 언론을 이용하라. 신념을 위해 저항하라. 최고의 물건을 만들어라. 희망은 크게, 비용은 적당히 하라. 사업을 재미있는 게임으로 만들어라.

다음으로 주식 투자다. 제시 리버모아는 "주식은 돌고 돈다. 가장 중요한 것은 시간이다. 먼저 시장을 테스트하라. 전고점과 전저점을 이용하라. 추세 전환의 신호를 읽어라."라는 핵심 포인트를 말하고 있고, 존 템플턴은 "위기가 기회임을 분명히 인식하라. 모두가 부정적인 견해를 보일 때 투자의 기회를 찾아라. 가장 전망이 좋지 않은 주식이 무엇인가를 물어라. 가장 매력 없는 주식이 가장 매력적인 사냥감이다. 정보 부족으로 방치된 주식을 찾아라. 약세장에서 승부를 걸어라."고 조언한다.

또한 피터린치는 "뛰어난 기업의 주식을 보유하고 있다면 시간은 당신 편이다. 기업을 공부하지 않고 주식에 투자하는 것은 포커를 칠 때 카드를 보지 않고 돈을 거는 것과 같다. 대박은 꾸준한 수익률을 얻고자 하는 데서 탄생한다. 상황을 비관적으로 봐서 얻을 것은 아무

것도 없다."는 명언을 언급하고, 얼 키퍼는 "오를 때 사고 내릴 때 팔아라. 과잉투자를 하지 마라. 한 번에 큰 손해를 보지 마라. 급락장에서 공포심을 버려라. 침착해라, 주식투자는 심리전이다."고 밝히고 있다.

여러 주식 전문가나 고수들이 밝히고 있는 명언이나 핵심 포인트도 중요하지만, 더욱 중요한 것은 자기 나름대로의 노하우로 승부하는 것이 가장 바람직하다는 사실이다. 하루아침에 일확천금을 노리는 투기가 아니라 안정적인 투자의 관점이다. 이를 보여 주기 위해 저자의 2016년과 2017년의 투자 성과를 제시하고자 한다.

저자는 주식 투자를 한지 10여 년이 된다. 주식은 나라 경제를 바라보는 안목이 생기고 돈의 가치에 대한 관점을 심어 준다. 10여 년 동안 지속적으로 1천만 원 고정투자를 했다. 2016년에는 23%의 수익률을, 2017년에는 34%의 수익률을 거뒀다. 1천만 원으로 은행저축을 한다면 연 수익률 2~3%밖에 얻을 수 없다.

주식은 기업의 가치를 반영하고 있다. 우량기업을 선택해서 투자를 하면 결코 손실을 볼 수 없다. 손실을 보는 투자자 대부분은 성급함이나 투자가 아닌 투기의 관점에서 주식을 하기 때문이다. 여유로운 마음과 자기가 투자한 기업에 관심을 가지면 수익률로 보답을 가져다준다.

내가 바라보는 주식의 철칙은 이렇다. 주가 상승은 더디지만 주가 하락은 빠르다. 주식은 매입하는 순간부터 손해여서 끈질긴 기다림이 요구된다. 수익을 내기 위해서는 마음의 여유가 필수다. 즉, 수익을 내기 위해서는 기다리는 배짱이 필요하다. 주식 매입 후 하락 폭이 크더라도 손절매하지 않는다면 기회는 반드시 3번 이상 온다. 명절을 앞둔 시점에는 주식시장은 무조건 하락한다.

또 주식 투자에 대해서는 자녀에게 알려 줘 경제관념을 심어 주는 것이 좋다. 처음에는 부모가 증권을 개설해 주고 괜찮은 주식 몇 주를 선물로 사 주는 것이 좋다. 아이에게 돈이 있을 때마다 주식을 살 수 있도록 유도하는 것이다. 아이가 어른이 되었을 때 든든한 씨앗 돈이 될 수 있으므로 노후를 위한 대책의 수단도 될 수 있다. 투자는 경제적 동향을 파악하는 핵심이요, 자기계발에 큰 도움이 되므로 투자에 관심을 가져라.

07
스트레스를
날려라

> "스트레스는 우리의 환경과 상관없이 어떤 대상에 대해 너무 심각하게 생각
> 할 때, 즉, 문제의 심각성을 부풀려 생각할 때 생기는 것이다."
> **– 리처드 칼슨**

스트레스는 만병의 근원이다. 스트레스란 생물학적이나 심리학적으로 생명체의 내·외부 기능을 마비시키거나 흥분시키는 긴장이나 경직을 가져오는 장애 현상을 말한다. 대표적으로 인간은 화가 나면 소리를 지르고, 물건을 집어던지며, 자신을 통제할 수 없는 길에 이르기도 한다. 인간은 사회적 동물이기에 인간관계를 통해 세상을 살아간다. 따라서 함부로 아무 대상이나 아무 곳에서 이성을 잃는 행동을 한다면 비난의 대상이 된다.

슈마허 E.F.는 "경제학은 국민소득이나 성장, 자본 투입, 산출을 다루는 선을 넘어 빈곤과 절망, 범죄와 혼잡, 스트레스 등의 '현실'을 다루어야 한다."며 정신세계의 확장을 언급했으며, 리처드 칼슨은

"스트레스는 사회적으로 용인되는 정신 질환의 한 형태에 불과하며, 대개는 없앨 수 있는 것이다. 중요한 것은 스트레스는 우리에게 일어나는 것이 아니라, 우리의 생각 속에서 생겨난다는 사실을 아는 것이다."라고 말했다.

헬렌 헤이즈는 스트레스를 극복하는 방법으로 '긍정적인 자세'를 꼽았는데, "낙관주의와 고귀한 자존심, 사교적인 자질, 즐거운 마음, 그리고 스트레스를 극복하는 능력 등이 인생의 초기에 확립된다면, 지속적인 건강을 유지하는 데 가장 중요한 토대가 될 것"이라고 말했다. 또한, 강우현은 스트레스 해소 방법에 대해 "환상, 망상 무엇이든 좋다. 하루에 한 번쯤 그것에 빠져 봐라. 그것이 이루어지지 않으면 어떤가. 적어도 스트레스 해소라도 될 것이다."라고 말했다.

스트레스는 만병의 근원이라고 했다. 스트레스는 긴장과 억압의 산물이다. 스트레스를 날리는 대표적인 방법 몇 가지를 소개해 보면, 먼저 명상을 통한 호흡 조절을 말할 수 있다. 조용한 장소에 앉아 눈을 감고 자신에게 메시지를 보낸다. "나는 차분하다. 이 세상의 중심은 나이며 나는 어디로 가는 것일까?"를 반복한다. 코를 통해 숨을 깊게 들이마시고 천천히 숨을 내뱉는 행동을 주문과 함께 마음이 안정될 때까지 시행한다.

또 하나는 음악을 듣는 방법이다. 화가 많이 나 있을 때는 팝송보다는 클래식 음악이 도움을 주고, 슬플 때는 발라드 음악이 좋다. 음악을 들으면 스트레스 호르몬으로 불리는 코르티솔(cortisol)의 수치를 낮춰 마음이 안정되는 효과가 있다. 코르티솔은 단순하게 스트레스

강도를 육안으로 볼 수 있는 치수의 역할만 하는 것이 아니라, 몸의 장기가 정상적인 작동을 할 수 있게 조절해 주기 때문에 우리에게 필수적인 호르몬이다.

충분한 잠을 자는 것도 스트레스를 해소하는 데 도움을 준다. 잠을 통해 억눌렸던 감정들이 진정되고 긴장이 해소된다. 큰 소리의 웃음도 명상과 마찬가지로 뇌를 긴장하게 만드는 코르티솔 분비를 낮춰 긴장을 풀어 주고, 행복 호르몬이라고도 불리는 엔도르핀 분비를 높여 스트레스를 풀어 준다. 드라이빙이나 공기가 맑은 산책로를 걷는 것도 스트레스를 풀어 주는 데 큰 효과가 있다. 그러나 너무 화가 나 통제가 안 될 때 차를 모는 것은 금물이다. 껌을 씹거나 아로마 향기를 맡는 것도 심리 안정에 효과가 있다. 운동을 하면서 땀을 흠뻑 적시는 것도 스트레스를 날리는 데 좋다.

질병 중에서 스트레스로 인해 발생하는 대표적인 병이 암일 것이다. 스트레스는 신체와 신경세포에 긴장을 가져와 근육을 수축시켜 원활한 혈액 순환을 막는다. 혈액이 정상적으로 우리 몸을 돌지 못하면 돌연변이를 일으켜 암을 유발한다.

저자는 스트레스를 날리기 위한 방안으로 '소리 지르기'를 권한다. 우리가 살고 있는 집이나 공원, 길거리에서 소리를 지른다면 모두들 이상한 눈초리로 바라볼 것이다. 그러므로 노래방이 적절한 장소다. 노래방은 다른 나라보다 우리나라에서 아주 보편적으로 발달한 노래 문화다. 남녀노소 누구나가 즐길 수 있는 최적의 장소이기도 하다. 직장에서나 가정에서 동료나 가족과 함께할 수 없다면 시간이 허락될 때 노래방을 찾아 맘껏 소리 지르고 춤도 추다 보면 스트레스가 썰물 처럼 사라질 것이다. 물론 노래방 비용은 조금 들겠지만….

크기 91 * 65 복숭아와 복숭아꽃 acrylic gouache, 2017년

PART 3

생활습관 반란

01

술도 음식이다,
조절하라

"숙면과 목욕과 한 잔의 와인이 당신의 슬픔을 덜어 줄 수 있다."

― 토마스 아퀴나스

술의 기능은 긍정적인 면과 부정적인 측면, 양면의 칼날이다. 우선 부정적인 면을 살펴보면, 만병의 원인은 술이다. 당뇨병은 과음과 지속적인 음주습관이 직접적인 영향을 미친다. 과음은 육체적 건강을 망칠 뿐만 아니라, 정신적 피폐도 아울러 가져온다. 육체와 정신이 망가지면 이성적인 판단을 할 수 없기 때문에 사회생활을 영위해 나가는 데 큰 지장을 가져올 뿐만 아니라, 가정의 해체를 가져올 수도 있다.

대부분 직장 생활을 하다 보면 직장 동료가 친구가 되지만, 이와 맞물려 술과도 끊으려야 끊을 수 없는 끈끈한 연결 관계가 된다. 처음엔 잘 마시지 못하다가 점차 술 문화에 익숙해지다 보면 어느새 소주 한

두 병은 거뜬히 마실 수 있는 경지에 오르게 된다. 물론 몸에서 술을 전혀 흡수하지 못해 술을 마시지 못하는 경우는 예외로 치고, 평소 술을 마시는데도 절제를 하면서 술좌석에 앉아 있기란 쉽지 않은 일이며 도인에 가깝다고 볼 수 있다.

술은 필요악이다. 술은 경직되고 긴장된 분위기를 완화해 줌으로써 대화 창구를 쉽게 열어 주는 윤활유 역할을 한다. 물론 술 없이도 대화를 충분히 끌어갈 수 있겠지만, 객관적으로 대화하는 데 술이 있다면 좀 더 수월하다. 술 상무라는 말이 있듯이 사실 회사에서 술 상무하는 사람은 대단한 사람이다. 주위 사람들은 술을 잘 마신다고 치켜세우며 술 상무를 칭찬하고 부추긴다.

그러나 사람의 육체는 쇠로 만든 기계가 아니다. 나이가 들어감에 따라 건강한 세포들은 서서히 망가지기 시작한다. 자연적인 섭리가 이러한데, 여기에다 인공적인 술이 몸으로 흡수된다면 아무리 술을 좋아하고 많이 마시는 사람이라 할지라도 한계가 있게 마련이다. 술에 장사가 없다고 했다. 주위에서도 술도 인해 몇 사람이 세상을 떠났다. 그들의 공통점은 젊었을 때 술을 많이 마셨다는 점이다. 많이 마셨다기보다는 폭주 내지는 과음을 했다는 표현이 맞을 것이다. 대접으로 소주를 먹었다느니, 매일 반주로 소주 몇 병을 마셨다느니, 안주를 새우깡과 소금으로 했다느니…. 이러한 이야기들이다. 자세히 살펴보면 상식과 평상을 벗어났다는 사실이다.

술의 기원은 그리스신화에서 시작된다. 술의 신은 바커스다. 아이러니하게도 모 제약회사의 피로회복, 자양강장제가 박카스다. 술의 기능은 긴장을 푸는 데 있다. 알코올 성분이 있어서 잔뜩 긴장하고 있는 근육을 이완시키고 뇌의 신경을 마비시켜 자신감을 불어넣어 준다. 적당히 마시는 술은 건강에 도움이 된다.

보통 우리가 술에 대해 이야기하는 것은 과도한 술 문화 때문이다. 지나치게 마시는 술은 사람의 건강을 해친다. 육체뿐만 아니라 정신적 폐해를 가져온다. 알코올 중독이 그 대표적인 예다. 알코올은 인간의 육체적 조절능력을 떨어뜨려 사고로 이어질 수 있다. 육체적 기능이 떨어지면 당연히 정신적 조절능력까지 떨어진다. 이성적인 대화를 가져오지 못하고 과도한 감정으로 발전시켜 사람의 도리를 망가뜨릴 수 있다. '너는 네 애비도 알아보지 못하냐?'라는 말을 많이 들어 보았을 것이다. 과도한 음주로 인해 정상적인 정신 기능을 하지 못하여 판단을 흐리게 만들었다는 이야기다.

평소 감정이 좋지 않았던 선후배가 있었다. 보통 대화를 통해 앙금을 털었어야 했지만 이들은 서로 오해와 오해를 낳아 주먹질까지 이어졌다. 젊었을 때는 쉽게 화해할 수 있겠지만, 나이 들어 술로 주먹질이 오고 간다면 철창신세와 주변의 비난을 감수하기 어려울 것이다.

물론 긍정적인 면도 있다. 에우리피데스는 "한 잔의 술은 재판관보다 더 빨리 분쟁을 해결한다."고 했다. 저자의 경우 술을 좋아하는 편이다. 술을 찾아다니는 것은 아니지만 술을 권하면 마다하지 않는다. 그러나 과다한 술 섭취는 다음 날 근무에 지장을 주고 몸을 망가트리는 해악을 끼친다. 두뇌기능도 상당히 떨어진다.

술을 아예 마시지 않는 사람보다 1~2잔씩 음주를 하는 사람이 심장병 예방 효과와 더불어 사망률이 30% 더 낮다고 관찰된 유명한 연구 결과들이 있다. 이 연구는 일반 성인을 대상으로 한 것이며, 심장병과 같은 질환을 앓고 계신 분들은 예외다. 술을 1~2잔씩 마시는 것이 단순히 심장에 좋을 수도 있을지 모르겠으나, 건강에 전반적으로 좋은 영향을 미칠지는 확실한 증거가 없다. 그러므로 단순히 심장병 예방을 위해서 비음주자에게 술을 마시라고 권하진 않는다.

임산부의 경우에는 1~2잔의 술이라 해도 태아의 지능에 막대한 영향을 끼쳐 지능을 저하할 위험이 크며, 만일 25세부터 매일 1~2잔의 술을 마신다고 가정하면 40년 후 65세가 됐을 때 심장병 발병 위험은 예방될지도 모르겠지만 그 대신 간경화로 쓰러질 확률이 높아질 것이다.

술을 자주 드시는 분들이라면 필름이 끊기는 블랙아웃을 경험해 보았을 텐데, 이는 뇌에 아세트알데히드가 독성으로 작용하여 기억을 저장하지 못하면서 겪게 되는 현상이다. 이러한 현상이 반복되면 그만큼 뇌 손상이 심각하다는 신호이며, 만약 이를 무시하고 계속 과음하게 되면 이는 알코올성 치매로 이어질 수 있다.

술로 인해 건강상 문제가 생겨 발생할 수 있는 질환은 수십 가지 이상이다. 술은 흡연과 더불어 만병의 근원이 되기도 한다. 흔히 알고 계신 간암뿐 아니라 구강암, 인두암, 후두암, 위암, 식도암, 대장암, 유방암 등의 발병 위험도 증가시킨다는 보고가 있다. 과도한 음주가 아닌 한두 잔의 술을 마시는 것만으로도 암 발병률을 증가시킬 수 있다. 정상적인 사람에게 한두 잔의 술을 마시는 것이 심혈관 질환 예방에 긍정적인 측면을 보일 수 있으나, 음주가 만성화되면 다른 질환으로 인해 사망할 확률이 높아지므로 건강을 위해서는 금주가 더 좋다.

술자리를 피하기 힘든 상황이라면 최대한 적게 마시려고 노력해야하며, 술을 마실 때는 식사를 함께해야 건강을 덜 해칠 수 있다. 술과 쌍벽을 이루는 것이 담배의 존재다. 담배의 나쁜 점에 대해서는 다음 주제에서 간략히 소개할까 한다.

크기 91 * 65 복숭아 acrylic gouache, 2017년

담배의 해악, 끊어라

"담배를 피우는 사람은 8년 연상의 비흡연자와 생체나이가 같다. 흡연자는 8세 이상 늙는다. 금연하면 흡연에 의해 잃어버린 8년 중 7년을 되찾을 수 있다."

– 마이클 로이젠

앞서 술에 관해 이야기했지만, 담배의 해악은 더욱 말할 필요가 없다. 담배에는 병을 유발하는 수많은 원인인자가 있다는 것은 잘 알려져 있는 사실이다.

마크트웨인은 "담배를 끊는 일은 정말 쉽다. 나는 이미 수백 번 그렇게 해 봤다."며 담배 끊기의 어려움을 우회적으로 토로한다. 또, 알렌카는 "당신의 몸은 인생의 여정에서 당신을 태우고 달리는 자동차와 같다. 흡연이란 인생을 달리기 위한 자동차에 녹이 스는 것을 허용하고 아무런 조치를 취하지 않음으로써 자진하여 그 자동차를 파괴하는 행위와 같다. 그런데 기억해야 할 것은 그 자동차는 인생에 단 한 대밖에 주어지지 않는다는 것이다."라며 흡연의 해악을 경고한다.

흡연자는 비흡연자보다 각종 질병에 더 많이 노출되어 있다는 것은 수십 년에 걸친 많은 학자, 연구자들에 의해 충분하게 조사·발표되었다. 현재 대표적인 담배유인성 질환은 심장관상 동맥질환(관상동맥이 좁아지고 막힘), 말초혈관 폐쇄질환(말초혈관이 좁아지고 막힘), 뇌혈관 질환(뇌혈관의 폐쇄, 협착, 출혈이 생김), 폐암(특히 20세 전에 시작한 흡연자에게 발생률이 높다), 만성폐색성 폐질환(폐기종, 기관지염, 기관지천식), 후두암, 구강암, 식도암, 방광암, 취장암 등의 각종 암성질환, 위장질환(만성소화불량증, 위궤양, 십이지장 궤양), 각종 구강실환(치수염, 구취증, 잇몸질환), 모체흡연이 태아에 미치는 영향(조산아, 미숙아, 기형아, 저지능아 등), 피임제 복용, 직업폐질환 등과의 상가, 상승효과 등이다.

이 정도로 미루어 보았을 때, 담배는 만병의 온상이라고 할 수 있으며 과연 담배를 지속적으로 피울 수 있을지 의문이다. 지금 당장 끊는 것이 좋다. 실제로 청소년 시절의 흡연이 성년이 되어 흡연을 시작하는 것보다 폐암 발생에 관한한 얼마나 상대적 위험도가 크다는 것을 ʻ알 수 있다.

한편 남자에서의 폐암 사망률과 흡연 개시 연령과의 관계에서 비흡연자의 폐암 사망률이 1이라고 할 때 15세 이하에서 흡연을 시작한 사람은 18.7배의 폐암사망률을, 15~19세의 연령군에서는 14.4배의 폐암사망률을 나타내고 있어 일찍 담배를 피울수록 폐암사망률이 높음을 알 수 있다.

담배를 피우는 것은 독자 여러분의 자유다. 그렇지만 주위 사람들

에 입히는 간접 살인과 하나뿐인 생명에 대한 위험 담보는 한층 커다

란 쇳덩이로 작용할지도 모른다는 사실을 명심하길 바란다.

크기 130 * 130 복숭아와 부엉이 acrylic gouache, 2017년

03
긍정적인 생각은
좋은 일을 낳는다

"행복의 문 하나가 닫히면 다른 문이 열린다. 하지만 우리는 닫힌 문을 너무
오래 바라보느라 열린 문을 보지 못한다."

— 헬렌 켈러

생명체는 살아 있음을 의미한다. 식물을 향해 진심으로 잘 자라기를
바라면서 정성껏 충분한 물과 영양분을 주며 보살피고, 긍정적인 마
음으로 기원과 기도를 하면 식물도 감화되어 매우 잘 자란다고 한다.
우리는 수시로 긍정적인 자기암시를 통해 큰 뜻을 이룰 수 있다. 비판
과 비난은 다르다.

좋은 친구 세 명을 얻으면 인생은 성공한 것이라는 말이 있다.[11] 내
마음을 알아주고 이해해 주며 어려움이 닥쳤을 때 한걸음에 달려올

---

11 論語 季氏篇(논어 계씨편). 孔子曰, 益者 三友, 損者 三友.(공자왈, 익자 삼우, 손자 삼우). 友直 友諒 友多聞
= 益矣(우직 우량 우다문 익자), 友便辟 友善柔 友便佞 = 損矣(우편벽 우선유 우편녕 손자): 공자 말하길,
정직 · 성실 · 박학다식한 친구는 유익하지만 허세 · 아첨 · 감언이설 하는 친구는 해롭다.

수 있는 친구를 좋은 친구라고 한다. 친구는 조직 생활을 통해 만들어지지만, 진정한 친구를 만나기는 쉽지 않다. 친구는 일방적인 노력으로 만들어지지 않는다. 상호 노력하는 가운데 좋은 친구가 만들어질 수 있는 것이다.

우리 주위에는 비난을 밥 먹듯이 하는 사람이 있다. 이런 사람은 가까이 하기에 참으로 불편한 사람이다. 이야기를 아무리 잘 들어 주려고 해도 타인에 대한 욕설과 흉집, 흉보기가 난무하여 듣는 사람으로 하여금 짜증이 나게 하고 나쁜 기운을 받게 한다. 말하는 사람이야 신나겠지만 듣는 사람의 입장을 전혀 고려하지 않는다.

진정한 친구는 비난보다 비판을 잘한다. 듣기 좋은 말보다는 진정 친구를 위한 조언을 하고 바른 길로 갈 수 있도록 인도한다. 듣기 좋은 말은 입에 달지만 듣기 싫은 말은 입에 쓰다는 속담은 비난에 대한 비유가 아니라 비판에 대한 비유다. 비판도 논리적 비판을 갖춰 이뤄진다면 듣는 사람도 겸허히 받아들일 것이다.

상대방에게 올바른 비판을 해 주는 사람은 긍정적인 마인드를 가진 경우가 많다. 긍정적인 마인드는 하루아침에 이루어지는 게 아니다. 남을 배려하는 마음과 양보하는 마음, 남의 생각을 이해하고 들어 줄 수 있는 능력 등이 갖춰졌을 때 비로소 긍정적인 마인드가 나온다. 긍정적인 마음은 적극적이고 진취적인 생각을 유도하고 주위 사람들에게 행복한 바이러스를 전파해 조직을 밝고 부드러운 분위기 속으로 이끌어 간다.

이러한 긍정의 대표적인 아이콘은 헬렌켈러다. 어린 시절부터 시각·청각을 잃은 헬렌켈러는 자신이 처한 상황을 일찍 터득하고, 긍정적인 생활로 화려한 인생을 마무리한다. 겉으로 드러나는 시각적인 현상을 마음의 눈을 통해 바라보고, 비관적인 관점을 낙관적으로 바라보는 긍정 마인드로 자신을 바꾸고 세상을 바꾼 것이다. 그녀의 삶은 봉사와 헌신이다. 자신의 어려움을 이해했기에 타인의 아픔을 이해하는 정신으로 발전시킨 것이다.

우리말에 '아'와 '어'는 다르다는 말이 있다. 표현의 방법을 이야기한 것이다. 같은 표현을 두고 어떠한 어휘를 사용하느냐에 따라 상대방의 기분이 좋아질 수도 있고 나빠질 수도 있다. 이 말은 표현을 긍정적으로 하느냐 부정적으로 하느냐와 관계된다. 말은 표현이며 생각이다. 따라서 평소 긍정적인 생각을 가지고 있는 사람은 생각을 타인에게 전달할 때 상대방을 편하게 해 상대방의 얼굴에 웃음보따리를 선물한다. 반면 부정적인 생각을 지닌 사람의 표현은 상대방을 불편하게 만들고 얼굴을 찡그리게 만든다. 아주 미묘한 차이임에도 매우 큰 차이로 드러난다.

긍정적인 생각을 낳게 하는 좋은 방법은 '감사 일기'를 쓰는 것이다. 보통 일기는 일상적인 하루의 생활을 돌아보면서 중요한 일들을 적는 것인 반면, 감사 일기는 하루 중 타인에게 고마움을 받았거나 고마움을 표현하기 위해 글로 자신에게 전달하는 것이다. 글 말미에 '~감사합니다.'라는 글귀가 들어간다. 큰 것이 아니라 작은 것에도 감사하는 마음을 담아 적어 내려가다 보면 부지불식간 우리들 마음에는 긍정의 마음이 가득 차게 되고 얼굴에도 미소가 번지게 된다. '동료가

모닝커피를 타 줘서 감사합니다.', '아름답다고 칭찬해 줘서 그 마음에 감사합니다.' 등이다.

감사 일기를 쓰다 보면 남을 사랑하게 되고 미움의 마음이 사라지게 되며 주위 사람들과 더욱 친밀감을 가질 수 있게 된다. 위에서 언급한 것처럼, 부정적인 생각을 가진 사람은 멀리하게 되지만 긍정적인 에너지를 방출하는 사람과는 가깝게 지내고 싶은 것이 인간 마음이다. 긍정적인 생각은 나 자신을 발전하게 만들고, 가정을 그리고 사회를 아름답게 만든다.

04
웃음은 육체와 정신의 보약이다

"웃을 수 있을 때 언제든 웃어라. 공짜 보약이다."

— 바이런[12]

'웃는 얼굴에 침 못 뱉는다.'는 격언이 있듯이 평소 웃는 사람은 성격이 너그럽고 여유가 있는 것이 특징이다. 얼마 전 웃음전도사로 유명한 황수관 박사가 타계했다. 그는 웃음 바이러스를 전파하기 위해 텔레비전 강연을 통해 수많은 대한민국 국민들을 웃기고 울렸다.

옛말에 '일소일소(一笑一笑) 일노일노(一怒一怒)'라는 말이 있듯이 웃음에 대해 옛날부터 육체와 정신의 보약으로 생각한 것 같다. 웃으면서 일하는 상황이나 얼굴상을 찡그리며 일하는 상태를 객관적으로 바

---

12 Always laugh when you can. It is cheap medicine. George Gordon, Lord Byron. (1788~1824, 영국의 낭만파 시인)

라보았을 때, 어느 쪽이 능률적일 것일지는 보지 않아도 뻔한 일이다. 실제로 웃음을 가지고 일을 하게 되면 마음이 넓어지고 편안한 느낌이 든다. 마음이 편안하다는 것은 그만큼 생각의 폭이 넓어짐을 의미한다.

최소한 하루에 한 번 정도 웃는 연습을 하자. 억지로라도 거울을 보고 웃는 연습을 하자. 건강에 좋다는데 못할 것도 아니고 조금만 신경쓰면 인생이 바뀔 것이다. 친절을 생활화하는 것도 처음에는 가식이었지만 하다 보면 마음에서 우러나오게 된다. 웃음 또한 마찬가지다. 가식적인 웃음일지라도 자꾸 반복하다 보면 진정성이 담긴 웃음으로 변화할 수 있을 것이다.

당신이 웃으면 주위의 사람들도 웃게 만들 수 있다. 돈 들이지 않고 타인을 행복하게 만들 수 있는 비법이다. 우스갯소리로 웃음을 전파한 공로로 밥을 사라고 이야기하라. 웃음을 유발할 수 있는 방법은 홀로 연습하는 것도 중요하지만 유머집을 활용하는 것도 좋은 선택이 될 수 있다.

사람이 활용할 수 있는 얼굴 근육 중 웃음에 연관되는 근육이 슬픔이나 괴로움 등 신경조직보다 많지 않기 때문에 더욱 웃음의 중요성이 증폭될 수밖에 없다고 한다. 실제로 상대방과 대화를 하다 보면 웃음을 만면에 띠고 있는 사람과 그렇지 않은 사람 간의 분위기는 사뭇 다르다. 웃음을 띠고 있는 사람과의 대화는 눈과 마주치는 경우가 많을 뿐만 아니라 동의하는 경우가 많다는 것이며, 그렇지 않은 경우에는 집중도와 관심도가 많이 떨어져 지속적인 대화로 이어지기 어렵다.

웃음치료사[13]라는 직업이 있다. 영어로는 'laughter therapy'라고 하며 웃음치료란 웃음을 이용해 신체나 정신적 고통을 받고 있는 사람의 스트레스를 풀어 주는 치료 방법을 말한다. 격무와 바쁜 생활로 인해 질병에 노출돼 있는 현대인들에게 병원치료와 병행해 보충적인 치료 방법으로 각광받고 있다. 수술 후 환자의 통증을 줄여 주기 위한 치료법으로는 물론, 의학계에서도 관심을 가지는 학문 분야이기도 하다.

웃음을 통해 사회생활에서의 불안과 초조를 해소해 마음의 평화와 건강한 신체 유지에 도움을 주는 웃음치료사는 건강한 사회를 위해 꼭 필요한 사람이다. 웃음치료의 효능은 치매 예방, 일소일소 일노일노, 즉 얼굴 근육을 자극해 젊음을 돌려주고, 엔도르핀 증가로 면역력을 키워 준다. 또, 우울증을 날려 주는 효과가 있으며 이로 인해 장수하는 삶을 보장해 준다. 우리 몸에 있는 나쁜 요소를 배출해 혈류를 개선해 주기도 한다.

실제 사회생활을 하면서 지인이나 직장동료들과 소주를 기울이며 대화를 나눌 때 유머 섞인 농담이나 웃음을 유발하는 말들은 술자리 분위기를 편안하게 만들고 덜 취하는 효과를 가져올 뿐만 아니라 다음 날 숙취도 덜하고 기분을 상쾌하게 한다.

---

13 사람의 심리, 정서, 신체, 사회 역기능을 웃음을 통해 순기능으로 바꿔 주는 사람. 웃음치료의 역사는 인류 역사와 같다고 할 수 있다. 고대의 의사 밀레투스는 「인간의 특성」이라는 의학책에서 "웃음의 어원은 헬레(hele)이고 그 의미는 건강(health)"이라고 적고 있다.

웃음은 나이와 상관없다. 웃을 수 있는 일이 있으면 맘껏 웃고, 웃음을 찾아다녀도 좋다. 체면을 생각하지 말고 아무런 장소에서나 웃는 습관을 들인다면 당신은 이미 사회적으로 성공한 사람이다.

크기 120 * 90 복숭아와 거울 acrylic gouache, 2017년

05
논리적 언어 구사는
사람의 품격을 높인다

"언어는 오해의 근원이다."[14]

― 생텍쥐페리

논리적 언어를 구사하는 사람은 품격이 있어 보이고, 권위와 안정감을 준다. 저자가 아는 어떤 사람은 아는 것은 많은 것 같은데, 정작 이야기를 나누다 보면 어느새 지루함과 더불어 이야기를 마치고 싶은 생각이 밀려온다. 말에 핵심이 없고, 하나의 이야깃거리가 마무리되지 않은 상태로 여기저기로 주제나 소재가 옮겨 다니기 때문에 듣는 사람이 집중을 할 수 없다.

　상대방을 배려한 시간의 안배도 논리적 언어 구사에 필수적이다. 아무리 하고 싶은 이야기가 많더라도 단계를 나누어 상대편에게 이야

---

14 Language is the source of misunderstandings.

기할 거리를 만들어 주는 것이 필요하다. 상대방이 이야기를 하지 않는다면 질문을 통해 이야기를 하도록 유도하는 전략도 필요하다. 그러한 의미에서 논리적인 언어를 구사한다는 것은 본인이 지식과 지혜를 갖추고 있을 뿐만 아니라, 상대방에 대한 배려심도 이미 터득했다고 볼 수 있다.

말을 많이 할수록 실수의 가능성은 높아지고 오해의 근원을 남길수 있다. 사람은 저마다의 판단기능을 가지고 있어 듣는 사람마다 그이해의 폭이 다르다. 보통 언어를 통해 이해를 하게 되는데, 언어의뉘앙스는 듣는 사람마다 다르기 때문에 오해가 발생할 수 있다. 그러므로 논리적인 언어의 구사는 매우 신중함이 필요하다고 볼 수 있다.

몇 번의 생각 끝에 나오는 말과 즉흥적으로 나오는 말을 다르다. 정제되어 나오는 말은 상대방의 오해 소지를 줄여 주고 대화의 질을 한층 높여 준다. 논리적 언어 구사의 기본은 생각을 깊이 하고, 말의 속도를 상대방이 이해할 수 있도록 또박또박 천천히 하는 것이 중요하다. 어물거리는 말은 상대방으로 하여금 신뢰감을 떨어뜨리고, 오해의 소지를 남기게 된다.

사람이 입을 통해 언어가 타인에게 전달될 때는 사람의 정신작용에서 여러 단계를 거친다. 보고, 듣고, 느끼고 하는 여러 판단이 압축된생각이 되어 한마디 말로 표현되는 것이다. 그래서 타인이 말하는 몇마디만 들어 봐도 그 사람의 생각과 품격을 읽어 낼 수 있다. 대표적인 직업이 전문가 집단이다.

교수를 예를 들어 보면 이들은 평생을 책과 씨름하면서 먹고사는 직업이다. 최소 대학교 과정 4년, 석사, 박사학위 취득을 위해 해외 유학 등 10년 이상을 논문과 관련 서적과 씨름하며 전문적 지식을 쌓아 간다. 더군다나 대학생들을 가르치면서 자신이 가지고 있는 지식들을 전파하기 위해 체계적인 논리적 언어 구사를 하게 된다. 이들에게는 권위가 있다. 언어에서 풍기는 뉘앙스에서는 전문가로서의 품격을 듣는 사람으로 하여금 느끼게 한다. 이는 본인이 알지 못하더라도 자연스럽게 주위 사람으로부터 형성되는 것이다. 전문가로서 존경을 받게 되면서 사회적 지위는 향상되고 자연스럽게 품격이 높아지는 것이다.

의학전문의는 의학에 관한 전문가로서 그 분야에서 논리적 언어 구사로 인품이 흘러나오게 된다. 의학용어로 가득 찬 그들의 언어세계는 일반 환자들이나 대학생들보다는 체계화되어 있기 때문에 자연스럽게 전문가에게 존경심이라는 눈초리로 나타나게 된다.

이러한 사례들은 모든 직업에 적용된다. 중·고등학교에서 가르치는 교사들은 교사로서의 품격으로부터, 변호사나 판사들은 법전 연찬이나 피고인들을 조사하는 경험으로부터 논리적 언어를 구사한다. 그 사람의 말을 통해서 그 사람의 됨됨이와 직업이 파악되며 지식의 깊이와 인생의 넓이를 바라볼 수 있다.

논리적 언어 구사를 위해서는 책을 정독하는 것이 좋다. 정독하면 생각을 많이 하게 되므로 논리가 정연해질 수밖에 없다. 또 하나의 방법은 신문의 사설을 읽거나 손 글씨로 사설을 쓰면서 생각을 정리하는 것이다. 이러한 방법이 축적되었을 때 생각의 깊이가 충만해져,

말을 할 때 논리가 정연하게 정리될 수 있을 뿐만 아니라 상대방을 향해 언어를 구사하는 방법도 한층 좋아진다.

논리적 언어 구사는 하루아침에 이루어지지 않는다. 그 기본은 독서와 달변가 따라 하기다. 책 읽기는 생활과 떨어져서는 안 되며, 한 분야의 서적보다는 폭넓은 독서가 절대적으로 필요하다.

우리가 신문을 읽다 보면 본인이 좋아하는 분야에 편중해서 읽는 경향이 있다. 본인에게 관심이 떨어지는 분야는 그냥 페이지를 넘기고 있는 자신을 발견할 수 있을 것이다. 그 이유는 그 분야에 익숙하지 않기 때문이다. 그러나 처음에는 대하기가 쉽지 않을지라도 시간과 인내를 가지고 그 분야를 헤쳐 나갈 필요가 있다. 어느 정도 수준에 오르면 학문의 전 분야가 고루 섞이면서 날카로운 논리의 틀을 갖출 수 있을 것이다.

물론 논리적인 언어 구사가 만사 해결의 방법은 아니다. 대표적으로 마더 테레사는 『아름다운 선물』에서 "선은 논리적인 언어를 사용해서 무언가를 조목조목 가르치려 하는 것이 아니다. 반대로 논리를 파괴함으로써, 즉 그 틀을 뛰어넘음으로써 살아 움직이는 그 무언가를 단박에 깨우치게 하려는 장치라고 할 수 있다."고 선(善)의 가치를 말하고 있기도 하다.

논리적 표현은 결국 상대방에게 나를 알리는 방법이라 할 수 있으며 이를 요약하면, 정확한 근거를 가지고 핵심을 요약해서 의사를 전달하는 것이다. 또한 상대방의 말을 잘 들어야 상대방의 정확한 의도를 파악할 수 있으며 의사를 명확히 표출할 수 있다. 논리적인 언어는 감정을 앞세우는 것은 금물이며 매사를 긍정적으로 바라보는 시선도 큰 몫을 차지한다.

말하기 전 내용을 검토하는 것도 중요하며, 정확한 빌음과 상쾌한 음성은 상대에게 호감을 준다는 것을 기억하라. 저자의 경우 목소리가 청아한 유형이 아니라, 허스키한 목소리를 가지고 있어 남들보다 말하기에 많은 노력을 하고 있으며 그렇기 때문에 단어 하나에도 신경이 많이 쓰이는 편이다.

마지막으로 말하고자 하는 내용과 얼굴 표정이나 제스처는 일치시켜야 한다. 언행일치는 상대방에게 무한한 신뢰와 호감을 선사한다. 논리적인 언어 속에 따스한 인간미가 합쳐진다면 금상첨화일 것이다.

06
운동은 삶의
활력소다

"운동은 하루를 짧게 하지만 인생을 길게 만들어 준다."

– 조스린[15]

현대사회에 이르러 성인병이 화두로 떠오르고 있다. 풍족한 음식물 섭취로 인한 선진국형 질병의 출현은 운동 필수라는 공식을 낳았다. 의학 전문의의 조언을 듣다 보면 결론에 이르러 하는 말은 "약을 꾸준히 복용하되, 운동을 겸하라"는 것이다. 운동을 반드시 하라는 의미는 운동이 건강을 위한 현대인의 필수라는 이야기와 같다.

운동의 사전적 의미는 "움직이는 활동"을 뜻한다. 사람이 움직이지 못한다는 것은 정지하는 것과 같으며 정지한다는 것은 삶의 반대, 즉 죽음에 이른다는 것과 같다.

---

15 앨리엇 P. 조스린 박사(1869~1962, 미국 의사)

운동의 종류도 천차만별이다. 운동 마니아들은 본인이 하는 운동이 최고라고 침이 마를 정도로 칭찬한다. 운동은 자신의 체력과 취향에 맞아야 하며 운동을 통해 삶의 활력소를 가져오는 효과가 있다면 그 운동은 자신에게 적당한 운동이라 할 수 있다.

보통 현대인들이 가장 많이 즐기는 대표적 운동은 헬스라 할 수 있다. 근력을 향상시킬 뿐만 아니라 땀을 통한 노폐물을 배출시켜 몸 안을 깨끗하게 만드는 효과가 있다. 노폐물의 제거를 통해 혈액 순환이 원활해지며, 충분한 산소 공급은 지치고 피로한 우리의 몸을 생기발랄하게 회복시켜 주는 효과를 준다.

이러한 운동은 취향에 따라 아침 운동과 저녁 운동으로 나눌 수 있는데, 우선 야간 운동의 좋은 점을 이야기해 보자. 미국 시카고대학 임상연구센터의 연구 결과에 따르면 오후 7시 이후 야간 운동이 낮보다 운동효율이 높다고 한다. 이유는 부신피질호르몬(코르티솔)과 갑상선자극호르몬(티로트로핀)의 분비량이 오후 7시 무렵의 운동을 통해 신속하게 증가하는 것으로 밝혀졌기 때문이다. 이 호르몬들은 신진대사를 증가시키며 신체의 각성도를 높여 운동효율을 증대시킨다고 한다.

일반론으로 야간 운동이 좋은 이유로는 낮 활동으로 근육이 충분히 사용되어 새벽보다 뻣뻣함이 적어 운동이 수월하며, 햇볕에 의한 자외선 피해를 줄일 수 있다. 또한, 직장인들에게는 출근 전보다 훨씬 느긋하게 운동을 즐길 수 있고 술자리를 피할 수 있는 근거가 된다. 아울러 운동 후 숙면을 취할 수 있으며, 뇌에서 멜라토닌과 성장호르몬의 분비를 촉진시키기 때문에 면역력 증강과 노화 방지의 효과를 기대할 수 있다. 특히, 스트레스를 날림으로써 자율신경을 안정시켜 소화불량, 두통, 요통, 변비와 설사 등에 도움을 준다. 이 밖에도 어둠 때문에 후각과 청각이 예민해져 꽃향기나 새소리 등 자연을 느낄 수 있어 몸과 마음이 안정되고 차분해진다.

그러면 아침 운동이 좋은 이유는 무엇일까? 아침운동은 엔도르핀을 상승시킨다. 땀 흘려 운동한 뒤에 기분이 좋아지는 이유는 바로 체내에서 발생하는 엔도르핀과 암페타민 때문이며, 엔도르핀은 밤보다 아침에 운동할 때에 더 많이 분비된다. 아침 운동은 우울증이나 건망증 개선에 도움을 줄 뿐 아니라 자존감을 높이는 데에도 도움을 준다. 또, 아침 운동은 신진대사율을 높여 칼로리 소모를 촉진하는데, 이 효과는 운동을 하고 나서 여덟 시간 정도 지속된다.

저녁 운동과 다소 엇갈리는 주장도 있지만 숙면을 취하는데 아침 운동도 좋다. 아침 운동은 생체시간을 정상적으로 가동하게 만들어 수면의 질을 향상시키는 데에 큰 도움을 준다. 아울러, 집중도와 작업의 능률을 높인다. 아침 운동은 스트레스 레벨을 낮추고 혈액이 뇌로 원활하게 공급되게 하므로 오히려 작업의 능률을 높이는 데에 도움을 준다.

우리는 몸매가 균형적으로 잡히고 건강한 모습에 자연스럽게 눈길이 간다. 건강한 몸매는 철저한 관리가 필수이며, 이는 운동을 통해서 실현할 수 있다. 자신에 맞는 운동을 하며 건강을 유지해 나가야 한다. 건강미는 자신감을 갖게 하고 생활에 활력을 가져온다. 건강한 몸매로부터 타인이 바라보는 시선만으로도 즐겁고 행복한 에너지가 흘러나온다.

　건강은 저절로 얻어지는 것이 아니다. 시간의 소비와 노력이 필수적이다. 꾸준한 노력을 통해 건강한 몸매를 만들 수 있다. 아름다움이 뿜어져 나올 때 일상생활을 영위하는 데 열정으로 임할 수 있다. 하는 일의 능률도 오르고, 긍정적인 마음으로 좋은 에너지가 흘러나온다. 내가 즐거우므로 타인에게도 즐거움과 행복감을 전해 줄 수 있다.

07
걷기를
생활화하라

"걷기는 최고의 운동이다. 멀리 걷기를 습관화하라."

– 토마스 제퍼슨

걷기운동을 극찬한 대표적인 사람은 고대 철학자 히포크라테스였다. 그는 "걷기는 인간에게 가장 좋은 약이다. 음식이 그대의 약이 되게 하고 약이 그대의 음식이 되게 하라. 과거를 분명히 밝히고 현재를 진단하며 미래를 예측하라."고 말했다. 철학자가 사유하기 위해서는 책상에 앉아 명상을 하거나 책을 보는 것도 중요하지만, 걸으면서 생각하는 것도 학습의 한 방법이다.

철학자 칸트도 걷기를 생활화한 것으로 유명하다. 그에게는 '생각하는 칸트, 걷는 칸트(thinking Kant, walking Kant)'라는 수식어가 붙는다. 걷는 칸트를 통해서 생각하는 칸트의 철학이 완성됐다는 말이 있을 정도다. 매일 오후 5시 칸트의 고향 퀘니히스베르그의 마을길을 산책하는 그의 모습을 마을 사람들이 보고 시계를 맞출 정도였다고 한다.

루소는 "나는 걸으면서 명상에 잠길 수 있다. 나의 마음은 나의 다리와 함께 작동한다."고 했다. 키에르케고르는 "걸으면서 가장 많은 생각을 하게 됐다."고 고백했으며, 니체는 "심오한 영감, 그 모든 것을 길 위에서 떠올린다."고 했다. 독일의 하이델베르크에는 헤겔과 야스퍼스, 막스베버, 괴테가 걸었던 '철학자의 길'이 있다. 소크라테스와 당대의 철학자들도 산책을 하면서 의견을 펼쳤기에 '소요학파'란 이름까지 얻었다.

우리나라에도 걷기를 실천한 사례가 있다. 다산 정약용도 유배지 다산초당에서 강진 백련사까지 오솔길을 걸으며 '목민(牧民)'을 생각했다. 그리고 보면 걷기는 단순한 다리 운동이 아니라 머리와 마음을 깨우쳐 주는 사색의 방법이라 할 수 있다.

사람의 의미로 사람은 '살음'에서 비롯됐다. 살음이란 살아 있다는 뜻이며 호흡을 한다는 뜻이다. 걷기는 새로운 생명체와 숨을 불어넣는 활동이다. 움직이면서 육체가 되살아나고 정신이 되살아난다. 시각을 통해 들어오는 사물들에게 새로운 생명을 불어넣어 새로운 모습으로 변형시켜 준다.

요즘 걷기에 좋은 장소로 둘레길이 있다. 대표적으로 제주도의 올레길, 속초의 해변길 등이 많은 사람들이 찾고 있는 관광지다. 둘레길은 주로 하천변이나 산을 중심으로 사람들이 편안하게 걸을 수 있도록 잘 조성돼 있다. 걷는 것의 장점은 달리기에 비해 몸에 무리가 가지 않을 뿐만 아니라 명상을 할 수 있다는 것이다. 마음을 정화시켜 주고 안정시켜 주는 역할을 한다.

많은 에너지가 소비되지 않기 때문에 젊은 사람들보다는 나이 든 사람들에게 적합한 운동이다. 젊었을 때는 신체적 혈기가 왕성하므로 강렬한 운동을 흡수할 수 있지만, 나이가 들면서 격렬한 운동은 몸을 상하게 만들 우려가 있으므로 힘을 적게 쓰면서 무리가 가지 않는 안정적인 운동이 필요하다.

걷기는 혼자 하는 것보다는 부부가 함께하는 것이 좋다. 걸으면서 세상 돌아가는 일상적인 이야기를 하다 보면 부부의 정도 돈독해질 수 있다. 부부가 배낭을 메고 맑은 공기를 마시며 걷다 보면 어느덧 배가 고파진다. 평평한 곳에 자리를 잡고 배낭에 준비한 버너와 냄비를 꺼내고 준비한 물을 꺼낸다. 냄비에 물을 부은 후 불에 올려놓는다. 물이 끓는 동안 부부는 서로 마주 보며 일상생활에 대해 허심탄회하게 이야기를 나눈다. 드디어 물이 끓으면 라면봉지를 뜯은 후 면을 넣고 이어 스프를 넣는다.

평상시 부엌일을 아내가 하기 때문에 라면 끓이는 일을 남편이 맡는 것이 좋다. 라면봉지에 적혀 있는 대로 3분에서 5분 정도 시간이 흐르면 맛있는 냄새가 코끝을 간질인다. 나무젓가락을 두 쪽으로 내어 아내에게 건넨다. 가스 불을 끈 후 잘 익은 라면을 용기에 담아 아내에게 넘겨준다. 함께 라면을 먹는 시간은 매우 행복할 것이다. 독자 여러분도 잘 아시다시피 밖에서 먹는 음식은 유난히 맛있다. 시원한 바람과 코끝에 스치는 풀 내음 때문인지 신기하게도 더 맛있다.

강둑을 따라 걷는 트래킹은 둘레길을 걷는 것보다 훨씬 좋을 수 있다. 우선 걷는 동안 사람을 만나지 않아 좋고, 적당한 시간과 속도로 내 마음대로 조정할 수 있기 때문이다. 그래서 강둑을 걷는 트래킹은 부부에게 권장하고 싶다. 잘 정비된 강둑길이라면 더욱 좋을 것이다.

트래킹은 주말이나 휴일에 하는 것이 좋다. 한 주일의 피로를 날릴 수 있는 적절한 시간적 여유가 있고 걸으면서 새로운 에너지와 신선한 아이디어를 창출할 수 있기 때문이다. 더구나 경제적 비용은 거의 들지 않는다는 장점은 보너스다. 걸어라, 그리하면 건강과 활력과 생생한 칭조직 아이니어를 얻을 수 있을 것이다.

PART 4

처세술 반란

01
세상의 중심은 나,
결코 슬퍼하지 마라

"자신의 가치는 다른 어떤 누군가가 아닌, 바로 자신이 정하는 것이다."
－ 애나 엘리너 루스벨트[16]

사람은 어머니의 자궁을 빠져나올 때 우렁찬 목소리를 내면서 세상에 태어나지만, 이 세상을 하직할 때에는 홀로 흙 속으로 연기처럼 사라진다. 내가 태어나면 부모를 중심으로 여러 자매·형제들과 어울려 가족이 구성되고 가족이 모여 사회, 국가 공동체를 형성하지만 종국에는 혼자 남는다는 것은 명확한 사실이다.

테두리를 형성하는 사회 속에서 함께 살아가는 것은 틀린 것이 아니지만, 세상은 나를 중심으로 흘러간다는 사실이다. 아침에 눈을 뜨고, 하루 일과를 보내는 동안 모든 것은 내가 생각하고 내가 행동하

---

16 1884~1962. 미국 32대 루스벨트 대통령 배우자.

는 것이니 인생은 결코 슬퍼하거나 노여워할 대상이 아니다. 가족이 구성되고 친척이 구성되어도 결국 세상을 떠날 날이 존재하기 때문에 혼자라는 사실은 이르면 이를수록 빨리 터득하는 것이 좋다.

가족 관계에서 고종사촌 관계보다는 이종사촌 간 관계가 훨씬 정겹다. 이종조카 결혼식이 있어 어머니를 모시고 결혼식장에 갔다. 이종사촌 누나는 어머니를 보자 눈시울을 적셨다. 돌아가신 이모에 대한 그리움 때문이었는지 어머니를 보자 울음이 복받쳤던 모양이다.

아무리 가깝고 떨어질 수 없는 관계에 있는 사람도 결국은 이 세상을 떠나간다. 주위 사람들이 떠나든 본인이 떠나든 세상살이는 결국 혼자 남게 된다는 사실이다. 그렇기 때문에 인생을 결코 슬퍼하거나 노여워하지 마라. 이 세상에 남겨지는 사람은 결국 자신뿐이다. 이 세상에서 내가 존재하지 않더라도 세상은 자연스럽게 굴러간다.

길을 걷다가 잠시 멈춰서 자신의 모습을 찬찬히 살펴보라. 내가 움직이고 내가 멈추는 것이며, 내가 살아 있음에 다른 사람의 모습이 보이는 것이다. 내가 이 순간 멈춘다면 이 세상은 이미 내 세상이 아니다. 그렇지만 세상은 아무렇지도 않게 돌아가기 마련이다.

일주일간 직장교육을 다녀온 후 다시 복귀하는 아침 출근시간에 바라보는 직장 부근의 경치와 풍경은 조금 혹은 매우 낯설기만 하다. 그렇지만 일주일 전의 그 모습은 거의 변함이 없다. 교육받으러 간 기간을 '죽음'이라는 단순한 공식으로 대입해 보자. 일주일 전에 '나'라는 존재가 사라졌다고 가정하면, 세상은 변한 것이 아무것도 없다. 한 생명이 소리 없이 사라진다고 해도 이 세상은 전혀 미동도 하지 않고 흘러간다.

그러나 '나'의 존재가 사라지는 순간 인생의 의미는 사라지게 되는 것이다. 따라서 어떻게 살 것인가는 전적으로 본인의 마음에 달려 있다. 슬픔도 기쁨도 타인에 의해 이루어지는 것이 아니라 내 마음속에서 살아 움직이는 것이다.

조용히 자신을 침잠시켜 머리에서 발끝까지 신경을 세세하게 돌려보자. 이 세상에 태어난 것은 부모로부터였으나, 지금 40~50대에 있는 독자분들 중에서 부모님이 생존해 계시지 않은 경우가 많을 것이다. 부모가 없는 경우를 우리는 보통 '고아'라고 부른다. '홀로 남겨진 아이'라는 뜻으로 보통 어릴 적 부모를 일찍 잃은 경우에 표현하는 말이다. 그렇지만 나이가 들어 부모님이 돌아가시면 결국 부모와 자식 간 관계에 있어서는 홀로 남겨지게 되는 것이므로 고아의 의미는 동일하다.

부모님들은 부모님의 인생을 살다가 가신 것이고, 이제 우리는 우리 세대를 살아가기 때문에 이 세상의 중심은 우리일 수밖에 없다. 우리도 언젠가는 이 세상을 떠날 것이며, 내가 없는 세상은 무의미한 것이다. 물론 무의미는 내가 존재하지 않으므로 세상과의 단절된 이상 큰 의미가 없다는 것을 의미한다.

삶과 죽음은 결코 둘이 아니라 하나임을 명심하고 이 세상의 중심이 '나'라는 확고한 신념으로 맘껏 꿈과 희망을 펼쳐라. 이 세상의 중심은 '나'다. 슬퍼하지 말고 최선을 다해 즐겨라.

02
비움의 철학을
실천하라

"그릇은 비어 있어야만 무엇을 담을 수가 있다."

– 노자[17]

'비움의 철학'하면 떠오르는 대표적인 사람이 노자다. 그의 비움의 철학은 7가지로 요약할 수 있다. 첫째, '선한 사람은 물과 같다.'고 했다. 물은 어떤 형태의 그릇에 담더라도 포용하는 습성이 있으며, 위에서 아래로 흐르는 습성으로 인해 좋고 나쁨을 구분하지 않는다.

둘째, '귀함은 천함을 근본으로 삼는다.'고 했다. 세상에 태어나 신분의 높고 낮음은 인간사회에서 만들어 낸 틀에 불과하다. 내가 최고의 위치에 있는 것은 가장 낮은 곳에 있는 사람들이 존재하기 때문이다. 최고의 위치에 있을 때일수록 더욱 겸손해야 하는 이유다.

---

17 BC 6세기경에 활동한 중국 제자백가 가운데 하나인 도가(道家)의 창시자.

셋째, '어리석은 사람은 도를 들으면 크게 비웃는다.'고 했다. 내가 양보하는 미덕을 발휘하고 한 걸음 물러나는 덕양을 베푸는 것은 어리석은 짓이라고 단정한다. 일등하지 않으면 상대방이 부족한 것이며, 경쟁에서 이기는 것만이 자신을 지키는 것이라고 말한다.

넷째, '도에 힘쓰는 사람은 날마다 덜어 낸다.'고 말한다. 자기가 가지고 있는 것을 버리면 버릴수록 인생은 행복하고 마음은 편안해진다는 말이다. 자본주의사회이자 물질만능주의적인 현대사회에 경종을 울리는 말이다. 부동산과 재산을 많이 소유하고 있는 것은 육체의 편안함과 쾌락을 느끼기 위한 수단일 뿐이다. 우리 생명은 사그라지면 단 한 평의 땅에 묻히거나, 화장되어 산천초목에 뿌려질 뿐이다. 물질은 허상이므로 가진 것을 사회에 환원하고 물질을 갈구하는 불쌍한 중생을 위해 쓰라고 강조한다.

다섯째, '지도자는 가벼이 움직이지 말라.'고 한다. 이 말은 언행이 거짓됨이 없고, 말 한마디 한마디가 진실에 부합하라는 메시지다. 지도자의 잘못된 말 한마디는 실패한 정책이 되어 그를 따르는 사람들에게 고통과 상심을 안겨 줄 가능성이 있으므로 신중을 기하라는 것이다. 지도자들은 자신의 주위를 늘 살펴야 한다.

여섯째, '문밖을 나서지 않아도 천하를 안다.'고 했다. 지도자의 통치는 혼자서 할 수 없다. 혼자서 펼치는 정책은 독재일 뿐이다. 권력을 분산하고 위임하여 정책이 골고루 백성들에게 미쳐야 한다. 조선시대 제4대 왕인 세종대왕은 왕권과 신권의 조화를 잘 이뤄 부국강병은 물론 백성들이 편안하게 살 수 있도록 해 명망을 떨쳤다.

일곱째, '바다는 낮은 곳에 머묾으로 물의 왕이 된다.'고 했다. 대한민국 대통령이 되고자 하는 후보자들에게 경고하는 말 같다. 후보자들은 항상 자기 주변의 친척과 인척을 살펴 그들이 비리가 없도록 관리를 해야 한다. 대통령 후보자는 자신을 백 번 돌아보아 떳떳하고 그가 대통령이 됐을 때 어느 순간 범죄혐의가 드러나 국민들을 실망시켜서는 안 된다는 말이다. 마음을 비울 수 있다는 것은 욕심을 버릴수 있다는 것과 같다. 마음은 비우면 비울수록 더 많은 것들이 채워진다. 욕심은 그릇에 가득 찬 물과 같아서 물을 부으면 밖으로 흘러넘친다. 흘러넘친 물은 낭비가 되고 과욕이 되는 것이다.

마음 비움의 철학을 실천한 또 다른 대표적인 분이 법정스님이다. 법정스님은 생전 집필했던 베스트셀러를 절판하라는 유언으로 비움의 철학의 예를 제시했다.

마음이 욕심으로 가득한 사람은 성취하는 데 한계가 있다. 욕심으로 가득 찬 마음은 불안감에 휩싸여 있다. 누군가 자기 것을 빼앗아갈까 걱정하고 고민한다. 어리석음은 행동으로 나타난다. 마음속의 걱정은 얼굴에도 나타난다. 마음이 비워 있는 사람은 채우기에 쉽다. 그래서 운동경기에서도 마음을 비우라는 주문을 많이 한다. 마음을 비우면 욕심이 없어지고 편안한 기분으로 행동에 자유스러움을 더할 수 있다.

성경 말씀에도 부자가 천당 가는 일은 낙타가 바늘구멍을 통과하는 것과 같다고 이야기한다. 부자가 되기 위해서는 욕심이 있어야 하고 남이 가진 것을 자신이 가져와야 하기 때문에 과도한 힘을 낭비한다. 비움의 철학은 우리나라 근대사에 등장하는 박제가[18]의 경제학에서도 볼 수 있다. 이른바, 소비를 해야 경제가 돌아간다는 것이다.

우리의 마음도 마찬가지다. 마음이 욕심으로 가득 차 있을 때는 남에게 베푼다는 것은 생각할 수 없다. 지식도 마찬가지다. 내가 가지고 있는 정보나 지식을 남에게 전수하지 않고 가지고 있는 것은 고여 있는 물과 같다. 내가 가지고 있는 지식을 남에게 가르쳐 주고 전달한 연후에야 새로운 지식체계를 구축할 수 있다. 현명한 사람은 본인이 가지고 있는 지식을 결코 혼자만 지니고 있지 않다. 우리들이 만들어 내는 지식은 하루가 다르게 변화되고 있기 때문에 빨리 소진하는 지혜가 필요한 것이다.

종교나 철학에서도 마찬가지다. 마음을 비울 때 새로운 세계가 열리고 깨달음이 생겨나는 것이다. 욕심은 화를 키우고, 비움은 현명함을 제공한다는 사실을 기억하자.

비움의 철학은 애플의 경영에서도 나타난다. 스티브잡스가 애플에서 떠나 있다가 복귀할 당시, 애플의 회사 사정은 썩 좋지 않았다. 잡스가 경영에 복귀해 처음 한 일은 신제품 개발이나 영역 확장을 위한 세일즈가 아니라 불필요한 과정을 없애고 유사한 제품을 통합해 회사를 전략적 시스템으로 변환하는 것이었다. 그 결과 애플사는 혁신적인 회사로 우뚝 서게 됐고, 아이폰(iPhone)[19]으로 대표되는 세계적 기

---

18 1750~1815. 조선 후기의 실학자.

19 iPhone은 2007년 1월 9일, 애플이 발표한 휴대 전화 시리즈로서 미국 샌프란시스코에서 열린 맥월드 2007에서 애플의 창업자 중 한 명인 스티브 잡스가 발표했다. 아이폰은 세계 스마트폰 수익의 103.6%를 차지하는 모델이며, 2016년 7월 28일에는 스마트폰 최초로 누적판매량 10억 대를 돌파했다.

업으로 탈바꿈했다.

현재 출시된 iPhone 7은 iPhone 사용 경험의 가장 중요한 요소들을 극적으로 향상시켜 주며, 새롭게 선보이는 첨단 카메라 시스템, iPhone 사상 최고의 성능과 배터리 사용 시간, 몰입감 넘치는 사운드를 들려주는 스테레오 스피커, 가장 밝고 가장 컬러풀한 iPhone 디스플레이, 생활 방수 기능 등 그리고 강력한 성능만큼이나 강렬한 외양을 갖추고 있다. 이처럼 필요하지 않은 부분을 없애고 꼭 필요한 부분을 강화하며 복잡한 기능을 없애고 통합해 더욱 강력한 기능을 만드는 것이 애플의 비움 철학이다.

미켈란젤로의 조각품에도 비움의 철학은 드러난다. 당대 최고의 미술가인 레오나르도 다빈치가 포기했다는 대리석을 가지고 세계에서 가장 훌륭한 조각품인 '다윗상'을 만든 미켈란젤로는 "돌 속에 갇혀 있는 다윗상을 생각하고 불필요한 부분을 제거했을 뿐이다."라고 말하며 비움의 깨달음을 전해 주었다.

이렇듯 비움은 베푼다는 것과 같은 맥락선상에 있다. 베풂은 마음의 여유와 욕심을 버리는 것으로부터 나오고, 마음의 여유는 욕심을 버리는 비움으로부터 나오기 때문이다. 치열한 생존경쟁의 사회 안에서 독자 여러분이 스트레스와 질병에서 벗어나는 길은 비움의 철학을 실천하는 것이다. 평정심과 여유 그리고 마음의 놀라운 변화를 경험하고자 한다면 지금 바로 비움의 철학을 실천하라. 비움의 철학은 선택이 아니라 필수다.

03
___

배짱을
가져라

배짱은 굳은 의지와 결합되어 있다. 배짱은 자신감으로부터 나온다. 그래서 배짱이 있으려면 특정 분야의 전문가가 되어야 한다. 전문가 란 그 분야의 최고를 말한다. 최고가 되기 위해서는 그 분야에 많은 시간을 할애해 전문지식을 쌓고 많은 경험을 겪어야 한다. 그 분야에 서 박사가 되고 어떤 상황이 발생하더라도 척척 해결할 수 있는 능력 이 있어야 한다. 자기 분야에 자신이 없으면 매사에 소심할 수밖에 없 으며 제대로 일을 추진할 수 없기 때문이다.

배짱은 일에 대한 강한 추진력을 가져온다. 하는 일마다 성공할 확

---

20 Brendan Francis Behan(1923.2.9 ~ 1964.3.20.) 아일랜드 극작가.

률이 높고, 이에 따라 부수적인 명예들이 뒤따르게 마련이다. 인간관계, 사회성, 성취도, 만족감을 가져와 행복의 길로 안내할 수 있다. 결국 배짱은 노력의 산물이다. 자신감이 없으면 배짱이 나올 수 없다.

배짱은 배포와도 관련 있다. 배포가 크다는 말은 다른 사람보다 생각의 범위와 실행의 가능성이 크다는 것을 의미한다. 배포가 크다는 것은 그 사람의 됨됨이나 생각의 틀이 크다고도 말할 수 있다. 배포는 하루아침에 만들어지지 않는다. 배포를 키우는 방법은 자신감을 충만 시키는 일이다. 자신감이 충만해지기 위해서는 얻는 만족이 커야 한다. 여기에서 말하는 만족이란, 경제적 만족이든 심리적 만족이든 자신이 얻을 수 있는 것의 총량을 말한다.

배짱을 지니기 위해서는 육체적인 면과 정신적인 면이 병행되어야 한다. 육체적으로 건강한 몸을 갖게 되면 생활의 활력소가 생기고 여기에 정신적인 생활이 보완됐을 때 자신감이 생긴다. 정신적인 자신감을 찾기 위한 방편에는 종교와 교육이 있다.

저자는 혈액형이 A형이다. 소심하고 수줍음을 많이 타며, 사람들 앞에 나서길 꺼려한다. 그런데, 복싱이라는 운동을 통해 수줍은 성격을 많이 바꾼 계기가 됐다. 겁과 배짱은 아주 밀접한 관계가 있다. 사람이 겁이 나는 이유는 자신감의 부족이나 체력적·정신적 요소가 제대가 갖춰져 있지 않을 경우가 많다. 운동을 하기 전에는 체력적인 면도 부실했지만, 정신적인 면도 많이 약해져 있었다. 직장에서 상사가 부르면 괜히 가슴을 졸이기도 했고, 몇 마디 말에도 상심하곤 했다. 그런데 운동으로 체력이 좋아지고, 고통을 극복하는 단계에 도달하게 되니, 인간관계도 좋아졌을 뿐만 아니라, 나를 방어할 수 있다는 자신감과 배짱이 생겼다.

배짱은 결정적인 순간에 내리는 판단을 말한다. 그래서 배짱은 우리가 살아가면서 반드시 필요한 것이다. 배짱과 허장성세는 다르다. 배짱은 강한 심장이 요구되며 건강한 체력도 매우 중요하다. 물론 정신적인 강인성도 연관된다. 배짱은 용기와도 직결된다. 배짱이 있는 사람은 불의를 참지 못해 결코 그러한 상황을 회피하지 않는다. 용기의 실천과 실행은 주위 사람들로부터 찬사를 받고 사회 정의를 높이는 데 기여한다.

또한 배짱은 적극성이요, 능동적인 행위다. 적극적인 사람은 보통 생각이 건전하고 긍정적이기에 어느 곳에 있더라도 칭찬과 존경을 받는다. 이 때문에 자신에게도 큰 선물로 돌아온다.

배짱은 교육현장에서도 큰 힘을 발휘한다. 교육자나 피교육자의 입장 어느 곳에 서더라도 마찬가지다. 교육자인 경우 열정적으로 강의를 펼침으로써 피교육자를 감동시킬 수 있고, 피교육자의 경우 적극적이고 능동적인 경청으로 집중력과 교육의 질의 향상을 가져온다.

배짱은 용기 있는 사람의 전유물이다. 실패를 두려워하지 않고 열정과 도전정신으로 실천하는 사람들이 가지고 있는 결과물이다. 이들은 남의 눈치를 보지 않고 자신이 옳다고 믿는 것을 행동으로 옮기는 사람이다. 최고경영자들 중에는 중요한 결정을 내릴 때 논리적인 분석보다 배짱, 육감 혹은 내면의 소리를 믿는다는 사람이 의외로 많다. GE의 CEO였던 잭 웰치(Jack Welch)의 자서전의 부제가 '직감을 앞세우는(Straight from the gut)'임을 볼 때 웰치 또한 상당히 직관이나 배짱을 중요시한 것으로 판단된다.

배짱은 의사결정과 밀접한 관계가 있다. 바둑, 스포츠 경기, 기업 경영 등에서 결정적인 순간에 꼭 필요한 핵심체다. 배짱을 가져라. 여러분에게 행운과 복을 듬뿍 안겨 줄 것이다.

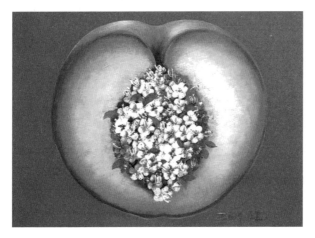

크기 53 * 45 복숭아와 씨앗 acrylic gouache, 2017년

04
목소리에는 힘이 있되
명료해야 한다

"낮은 목소리로 말하고, 천천히 말하고, 너무 많이 말하지 말라."

– 존 웨인[21]

낮은 목소리로 말하면 상대방의 주위와 시선을 집중시킬 수 있고, 생각의 깊이를 조절할 수 있어 이야기의 진중함을 이끌어 갈 수 있다. 또한, 말을 천천히 하면 상대방이 심리적인 안정감을 가지고 이야기를 경청할 수 있으며 이해의 폭도 넓어진다.

말은 상호의사소통이므로 혼자 말을 많이 하는 것은 상대방에 대한 결례이며 상대방으로 하여금 지루함을 유발하므로 1:1:1의 법칙을 생각해야 한다. 1:1:1의 법칙이란, 한 번 말을 하면 한 번은 경청을

---

21 존 웨인(John Wayne, Marion Mitchell Morrison, 1907년 5월 26일 ~ 1979년 6월 11일)은 미국의 영화배우로, 아카데미상 수상자이다. Talk low, talk slow, and don't say too much.

하고 또 한 번은 공감을 나타내는 것을 말한다. 오히려 1:2:2의 법칙이나 1:3:2의 법칙도 권장할 만하다. 말은 많이 하는 것보다는 많이 들어 주고 공감해 주는 것이 더욱 중요하다. 말을 들어 주는 것, 즉 경청의 실현은 매우 어렵기 때문에 말을 하는 것보다 들어 주는 자세가 더 힘들다.

대화법의 기본은 언어의 명료함을 통한 전달성에 있다. 그래서 정확하지 못한 발음은 의사전달이나 소통에 걸림돌이 된다. 매스미디어의 발달로 대면을 통한 대화보다도 전화나 휴대폰을 통한 의사표현 및 전달이 상용화되었다.

그런데 전화통화를 하다 보면 두 부류의 인간들을 만난다. 첫 번째 부류는 목소리나 톤이 안정적이고 발음이 정확하여 듣는 사람으로 하여금 마음의 안정과 편안함을 가져다주는 부류다. 의사표현이 명확하여 또렷해 이해하기에 쉽고 빠르다. 반면 목소리 톤이 약하거나 우물쭈물하는 듯한 발음은 상대방으로 하여금 신경을 많이 쓰게 하고 부정확한 의사표현으로 오해의 소지와 화가 나게 할 수도 있다.

따라서 대화의 관점을 내가 아니라 상대방에게 두어야 한다. 나의 의사전달이 상대방에게 정확하게 전달되는지, 상대방이 누구인지도 신경을 써야 한다. 나이 드신 분이나 청각에 장애가 있는 경우, 너무 작은 소리로 의사전달을 하는 것은 실례가 될 수 있다. 이런 경우 평소 목소리보다 크고 명료하게 말하는 것이 상대방에 대한 배려.

청각에 장애가 있는 분들은 일반인들보다 보통 목소리가 큰 편이다. 자신이 내는 소리가 잘 조절되지 않기 때문에 일어나는 현상이다. 그런데 가끔 오해도 발생한다. 큰 소리로 말하다 보니 듣는 사람 입장에서는 마치 자신에게 화풀이하는 것처럼 느껴질 수 있다. 이런 부분은 청각장애를 가진 사람을 잘 관찰하고 그 사람에 맞춰 응대하는 자세가 필요하다.

목소리가 맑고 명쾌한 사람은 상대방에게 유쾌함이나 즐거운 마음을 전달해 주며 편안한 마음을 갖게 만든다. 따라서 목소리를 맑게 하는 훈련도 필요하다. 독자 여러분도 어릴 적 한 번쯤은 경험했겠지만, 카세트라디오에 자신의 목소리나 노래를 녹음한 후 다시 들어 보았을 때 마치 다른 사람의 목소리처럼 느낀 적이 있을 것이다. 보통 노래 부를 때 나오는 목소리를 평소 사용하는 대화에 적용하면 상대방에게 듣기 좋은 영역대의 음이라고 한다. 힘이 있고 명료한 목소리는 본인 자신뿐만 아니라 상대방에 대한 배려라는 것을 인지하자.

목소리는 건강과 직결되어 있다. 건강하지 못한 사람은 기(氣)가 없어 목소리에 그대로 묻어 나오게 마련이다. 평소 건강관리에 힘을 쏟아야 하는 이유 중 하나다. 신체와 정신이 건강해야 목소리에도 명료함이 묻어 나온다는 것을 잊지 말자.

가끔씩은 자신의 목소리를 점검하고 상대방에게 부탁해 듣기에 거북한 부분이 있으면 고치는 노력도 필요하다. 라디오에서 들려오는 듣기 좋은 성우의 목소리가 아닐지라도 목소리가 좋은 것은 타인으로부터 호감을 갖게 만든다. 건강한 목소리는 타인에게 상쾌함을 줄 수 있고 건강함을 전파할 수 있다. 명료한 목소리에는 자신감이 있으므로 모든 일들이 잘 풀리게 돼 있다.

지금부터 실행에 옮겨 보자. 목소리 톤은 부드럽고 명료하게, 말의
속도는 적당하게, 아울러 얼굴 표정은 온화하게, 눈빛은 부드럽게.
당신에게 좋은 이웃이 더 많이 생길 것이다.

크기 91 * 65 복숭아꽃과 부엉이 acrylic gouache, 2017년

05
이름을 잘 지어라
- 성명학(姓名學)과 개명(改名)

"표범은 죽어서 아름다운 가죽을 남기고, 사람은 죽어서 이름을 남긴다."**[22]**
- 「왕언장전」

호사유피(虎死留皮) 인사유명(人死留名). "호랑이는 죽어 가죽을 남기고 사람은 죽어서 이름을 남긴다."는 고사를 모르는 독자는 없을 것이다. 이 기원은 후당(後唐)의 장종(莊宗) 이존욱이 포로가 된 왕언장에게 귀순할 것을 요청하자, "표범은 죽어서 아름다운 가죽을 남기는데, 사람이 어찌 이름을 가볍게 여기겠는가. 나는 떳떳하고 명예로운 이름을 남기겠다."고 왕언장이 말한 '표사유피인사유명(豹死留皮人死留名)' 고사가 일본에서 '호사유피'로 쓰인 것을 우리나라에서 그대로

---

22 표사유피 인사유명(豹死留皮 人死留名)은 호사유피 인사유명(虎死留皮人死留名)이라고도 한다. 「오대사」 「왕언장전」에 나오는 고사.

따온것이다.

　세상을 살아가는 데 있어서 이름, 즉 성명은 매우 중요한 요소다. 이름을 잘못 지으면 하는 일이 잘 풀리지 않고 자신에게 치명상을 입힐 수 있기 때문이다. 보통 이름은 독자 스스로가 선택한 것이 아니라 독자의 부모가 지어 준 것이기 때문에 팔자소관으로 돌리기 십상이다. 그렇다고 나쁜 이름을 평생 가지고 살아가기에는 아픔과 고통이 따를 수 있다.

　최근에는 개명하는 일이 어려운 일이 아니다. 법원에 개명신청 후 특별한 경우가 아니면 2~3개월 후면 새 이름으로 새로운 인생을 살아갈 수 있게 된다. 좋은 이름[23]은 명예와 신용을 높여 주고 성공이 빠르며, 애정 운과 결혼 운이 순탄해지고 건강과 재물이 풍족해지며 목적하는 바가 쉽게 이루어진다 한다.

　저자는 삼일운동 독립선언문 33인 중 한 분인 손병희 선생의 이름을 따서 '나라에 애국하는 훌륭한 사람이 되라'는 의미로 선친께서 '안병희'로 지어 주셨다고 한다. 그러나 초등학교 2학년 때 이름이 같다는 이유로 여자 짝과 앉았고, 더 기막힌 일은 수업시간에 짝이 실수를 해서 악취가 나자 "이름이 같으니까 네가 집에 데려다 주라"는 담임 선생님의 주문은 이름에 대한 창피함과 불쾌감으로 오래도록 트라우마로 남았다.

　그 후로도 의학 관련 강의는 주로 질병과 관련되어 있었기 때문에

23　정용빈 편저 「좋은 이름 짓는 법」(2012)

"이 병은 어떤 병이고, 이 질병은 무엇과 관련된 질병이고… ." 등의 말을 들을 때마다 마치 내가 그 병에라도 걸린 것처럼 생각되었고, 이러한 나쁜 기운은 스스로를 병약하게 만들어 갔다.

정용빈 작가는 부르기가 거북하고 듣는 이에게 불쾌감을 주는 이름, 남녀의 구별이 불분명한 이름, 병약하고 사멸하며 비천성 등을 내포하거나 혐오감을 주는 이름, 짐승이나 벌레 등을 상징하는 이름 등은 피하는 것이 좋다고 말한다. 그래서 2013년 아버지가 돌아가신 후 개명을 결심하고 바로 실천에 옮겼다. 그래서 지금의 '안인혁'이라는 이름이 탄생했다.

개명의 필요성은 즉각 효과로 나타났다. 지금까지 괴롭혀 왔던 이름에 대한 콤플렉스를 벗어날 수 있었으며, 사회생활에는 활기와 열정이 생기게 되었다. 하루를 살더라도 이름이 나쁘다면 바로 개명 절차를 밟을 것을 권한다. '에이, 이 나이에 무슨 이름을 바꿔?'라는 생각을 벗어던지고 과감하게 바꿔라.

만약 주위에 나쁜 이름으로 고생하는 사람이 있다면 적극적으로 도와줘도 좋다. 그 사람이 개명한 후 일이 잘 풀리면, 독자 여러분에게도 행복이 그대로 전해질 것이기 때문이다.

06
자연으로
돌아가라

"인간은 태어났을 때는 자유스러웠으나 사회 속에서는 무수한 쇠사슬에 얽혀
져 있다. 자연으로 돌아가라."

— 장 자크 루소[24]

루소의 "자연으로 돌아가라."는 명언은 잘 알려져 있다. 일반적으로
문명이 아닌 자연으로 돌아가라는 의미로 이해되고 있지만, 그 정확
한 진의가 무엇인지에 대해서는 논란의 여지가 많다. 루소는『사회계
약론』에서 인간은 자유롭게 태어났지만 사회 속에서 쇠사슬에 묶여
있다 함으로써 그 철학의 본질을 유추할 수 있게 해 주는데, 루소는
문명을 거부한 것이 아니고 자유롭게 평등하지 못한 문명사회의 부조
리와 모순을 비판하고 새로운 대안을 제시한 것이다.

그러나『사회계약론』을 쓴 민주주의자이자 사회철학자인 루소가 자

---

24 Jean-Jacques Rousseau(1712~1778). 프랑스의 자연주의 철학자.

연으로 돌아가라 했을 때는 자연의 중층적 의미도 새기지 않을 수 없다. 자연은 서구어로 '본성'이라는 의미도 있는 만큼 인간의 천부적 자연권인 자유와 평등의 보장을 무엇보다 강조한 것으로 볼 수 있다. 따라서 그는 이 말을 통해 자연의 낭만성과 야성이 아니라 평화롭고 자유로운 평등한 사회의 원형을 복원할 것을 세상에 강력히 주장했다고 할 수 있다.

인간은 모태에서 탄생해 흙으로 돌아간다. 한 줌의 흙은 말 그대로 몇 그람 되지 않는 아주 초라한 것일 수도 있다. 조그만 대지에 아름다운 집을 짓고 그 주변에 텃밭을 가꾸며 여생을 보내는 여유로운 광경을 우리 대한민국 중년들은 꿈꾼다. 청년 시절을 학문에 다 바치고, 좋다는 직장에 취업해서 결혼을 하고, 아이를 낳으면서, 집 한 채를 장만하겠다는 목표로 절약에 절약을 해서 보금자리라는 집을 생애처음으로 마련하게 된다. 그렇게 쉴 새 없이 직장 생활에 몰두하다 보니 어느덧 청춘은 다 가 버리고 중년의 나이에 접어들고, 정년이 눈앞에 와 있다.

정년을 채운다는 것이 어쩌면 사치일지도 모른다. 회사의 압박에 명예퇴직이나 조기퇴직을 하게 되고 남은 것이라고는 집 살 때 대출받은 빚과 아이들 교육비뿐이다. 퇴직 후에 저 푸른 초원 위에 그림 같은 집을 짓고 살겠다는 꿈이 아련해 보인다. 더군다나 자연 속으로 빨리 돌아가려는 결정도 늦춰지고 만다. 그러나 자연으로 돌아가려는 결정은 빠르면 빠를수록 좋다.

2017년 2월 4일, 벌써 입춘을 맞았다. 지속적인 건조한 날씨로 눈

또는 비가 내리길 고대하는 마음을 외면한 채 봄비가 내린다는 소식은 좀처럼 들려오지 않는다. 봄을 맞이하는 시점에서 이수복 시인의 시를 떠올리며 글을 썼던 기억이 있다. "이 비 그치면 내 마음 강나루 긴 언덕에 서러운 풀빛이 짙어 오것다. 푸르른 보리밭길 맑은 하늘에 종달새만 무어라고 지껄이것다. 이 비 그치면 시새워 벙글어질 고운 꽃밭 속 처녀애들 짝하여 새로이 서고 임 앞에 타오르는 향연과 같이 땅에선 또 아지랑이 타오르것다."

1954년 『문예』지에 실린 이수복 시인의 '봄비'라는 시다. 우리 민족의 보편적이고 고유한 정서인 한과 애수를 점층적으로 형상화하고 있으며 토속적인 시어를 구사해 향토적인 정감을 자연스럽게 느끼도록 한 작품이다. 대지를 촉촉이 적셔 주는 봄비가 내려 아마도 봄 가뭄을 어느 정도 해소해 주었으리라.

우리는 늘 자연 앞에 순응하며 살아간다. 비가 내리지 않으면 농작물 걱정에 기우제를 생각하고, 비가 너무 많으면 논밭이 떠내려갈까, 집이 무너질까, 산사태가 나지 않을까 걱정하고, 눈이 많이 내려도 농작물 걱정과 교통난 걱정을 하며 살아간다. 그래도 편안한 날이 오면 언제 그랬냐는 듯 금방 잊고 유유자적 살아가기 마련이다. 자연은 위대하다.

그럼에도 불구하고 인간은 자연을 스스로 파괴하고 훼손시키고 있다. 나무를 베어 개간을 하며, 산과 들을 메워 아파트와 공장을 짓는다. 그 공장 굴뚝에선 대기오염 물질을 뿜어댄다. 중국에서 불어오는 황사바람으로 인하여 호흡기 질환이 유행이다.

매년 겪고 있는 현상이지만 우리에게 이로운 점도 있다는 것을 간과해서는 안 된다. 황사로 인해 질병을 유발시키는 요인도 있지만, 황사가 불어옴으로써 산성화되어 있는 우리나라 국토가 중화되고 바다의 적조현상도 어느 정도 억제할 수 있다는 사실은, 순리에 따라 흘러가는 자연의 위대함 때문이라는 것을 염두에 두어야 할 것이다.

이명박 정권 시절 서울 청계천 복원을 위한 공청회를 거친 결과 반대의견이 많았음에도 불구하고 강행하기로 결정한 바 있었다. 청계천 복원은 2005년 말까지 복개됐으며 중랑천, 정릉천, 성북천 등 주변 하천 일부 구간에 대해서도 자연친화적으로 정비한다고 했던 기억이 난다. 개발 일변도로 흘러가고 있는 현실 속에서 순수함과 자연스러움으로 돌아가고자 하는 것은 우리 인간들의 본능이라 할 수 있다. 그래서 루소는 "자연으로 돌아가라."는 명언으로 현대문명의 불평등과 문명의 발달로 불행한 사회 상태로 빠져드는 인간의 본질에 대한 심각한 파괴현상에 비판을 가한 게 아닐까.

내가 살고 있는 여주 지역은 천혜의 고장이다. 물론 개발행위에 대한 법적 규제가 타 시군보다 엄격해 개발역량이 묶여 있는 상황이지만, 오히려 역발상적으로 순수한 자연의 혜택을 받고 있음은 우리의 행복한 삶을 누릴 수 있는 기회를 더 많이 가져올 수도 있다는 무한한 가능성에 대해서 아무도 부인하지 못할 것이다.

인간 최후의 보루는 살아 숨 쉬는 순수한 자연뿐이다. 좁은 시야를 가지고 산과 들을 파괴하는 인공적인 공간창조 행위는 결코 오래가지 못한다. 자연과 함께하는 공간, 자연과 함께 숨 쉬는 공간, 그 속에서 건강한 삶은 보장된다. 보다 먼 미래를 바라보고 순진무구한 우리의 자녀들을 생각하면서 행복한 보금자리에서 함박웃음을 터뜨리고 있는 우리의 후손들을 생각해야 할 때다. 미래의 건강한 삶에 대한 기초 여건은 우리 세대에서 닦아 주어야 한다.

새 생명의 탄생과 계절의 시작을 알리는 봄비가 메마른 대지 위를 흠뻑 적셔 주길 바란다. 생동감이 넘치고 살아 숨 쉬는 계절이다. 맘껏 봄을 가슴으로 안아 보는 것도 좋을 듯싶다.

자연과 인간의 관계는 뗄 수 없는 관계이다. 자연으로의 회귀는 인간의 본능이며 숙명이다. 살아 있을 때 생명의 고귀함을 고이 간직하고 '어떻게 살 것인가?'라는 명제를 자연을 잣대로 삼아야 할 것이다.

상대방이 싫어하는 것은 하지 마라

"자신을 화나게 했던 행동을 다른 이에게 행하지 말라."

– 소크라테스[25]

우리들이 상대방과 의견 충돌이 있거나 심지어 다투는 이유는 상대방이 싫어하는 것을 하기 때문이다. 보통 내가 싫어하는 것은 상대방도 싫어하기 마련이며, 내가 좋아하는 것은 상대방도 좋아할 가능성이 높다. 상대방이 싫어하는 부류는 그에게 불편함을 전달하며 고통을 안겨 준다. 그 고통에는 정신적인 불편과 육체적인 고통이 있다.

먼저 정신적인 고통은 말에서 비롯되는 경우가 많다. 가는 말이 고와야 오는 말이 곱듯이, 신경질 섞인 말투는 상대방의 신경을 건드려

---

25 소크라테스(Socrates)는 기원전 469년 고대그리스 아테네 출생으로, 서구문화의 철학적 토대를 마련하고, 플라톤, 아리스토텔레스 가운데 첫째로서 문답을 통한 인간의 무지를 깨닫게 한 인물이다. "너 자신을 알라."는 명언을 남겼다.

짜증을 유발하며 그 짜증은 상호 연관 작용을 일으켜 말다툼으로 비화되기 쉽다. 짜증의 사전적 의미도 상대방이 싫어하는 짓으로부터 유래된다. '마음에 들지 않아 북받치는 역정이나 싫증을 내는 짓'으로 정의하고 있다. 짜증과 신경질의 원인은 상대방으로부터 받은 기분 상한 나쁜 감정과 마음의 갈등으로부터 발생하는 것이다.

심지어 짜증은 우울증으로 악화될 수 있으며 뇌의 신경전달회로를 손상시켜 세로토닌·도파민·노르에피네프린 등 뇌의 감정 신경전달물질 분비량을 감소시킨다. 직장 상사와의 갈등이나 사업 부진 등 단발적인 스트레스가 지속되면 어느 순간부터 이유 없이 짜증을 내기도 하는데, 이는 우울증 초기증상 징조라 할 수 있다.

이렇듯 상대방을 우울증으로 만들지 않게 하려면 상대방을 배려하는 마음가짐, 즉 상대방이 싫어하는 것은 하지 않도록 조심해야 한다. 상대방이 받는 고통은 평생 트라우마로 작용해 원수관계로 고착화시킬 우려가 매우 짙다.

육체적인 고통은 떠넘기는 나쁜 습관으로부터 비롯된다. 내가 싫어하는 것을 상대방에게 떠넘김으로써 자신이 편한 기분을 갖는 것은 너무 편협적인 생각이다. 일시적으로 만족감을 느낄 수 있을지는 모르겠으나, 이는 상대방이 그만큼 고통받아야 한다는 것을 망각한 행동일 수 있다.

조금만 생각해 보면 상대방을 위한 배려는 충분히 실천할 수 있다. 내가 하기 싫어하는 것을 직접 내가 실행하는 것이다. 내가 힘들고 고통받으면서 실천하는 것은 결국 상대방을 편안한 상태로 만들어 주기 때문이다. 직장 생활에서는 상사와 부하 간의 관계가 대표적인 경우다.

　보통 상사는 부하에게 직위와 권위를 이용해 지시하거나 과제 수행을 강요한다. 물론 상하관계와 질서라는 것이 존재하기에 당연한 것이다. 그렇지만 굳이 직원에게 시키지 말아야 할 업무까지 아무런 생각 없이 진행하고 있다면 성공으로 갈 수 없다. 부하를 들볶아 승진이나 능력을 인정받을지 모르겠지만, 인간관계론적 관점에서 보면 나무만 보고 숲을 보지 못하는 경우가 될 것이다.

　나무도 보고 숲을 볼 수 있기 위해서는 직원과 부하에 대한 배려, 상사가 해야 할 일을 몸소 실천해야 할 것이다. 상대방이 싫어하는 것. 정신적, 육체적인 불편함을 전가시키지 않은 행동이야말로 직장 생활이나 사업경영자로서 성공으로 유도하는 길임을 명심하자.

　평소 스트레스를 많이 받는다면 장현갑의 『스트레스는 나의 힘』을 참조할 필요가 있다. 그는 호흡수련과 이완반응, 마음 챙김의 명상을 강조하고 있는데, 스트레스를 물리치는 좋은 호흡 방법으로는 단전호흡, 심호흡, 복식호흡이 있으며 흉식호흡에서 횡경막 호흡으로 바꾸게 되면 불안과 긴장을 통제하고 정서반응의 강도를 낮추는 효과가 있다고 한다. 일상생활에서 겪는 사소한 스트레스는 심호흡을 통해 이완반응을 일으키면 해소에 큰 도움이 된다고 한다.

　한편, 건강 문제는 90% 이상이 스트레스와 관련이 있다고 하니 다음 사항을 참고하는 것도 큰 도움이 될 것이다. 하루 7~8시간의 충분한 수면과 잘 먹기, 알코올은 몸의 피로와 긴장도를 높이므로 술을 자제하고 커피 대신 따뜻한 차를 마시거나 반신욕 즐기기, 심리적 안정을 위한 깔끔하게 주변 정리하기, 신체와 심리적 안정을 위한 동적인 운동(수영, 테니스, 헬스 등)과 정적인 운동(요가, 호흡법, 명상 등)을 필요에 따라 즐기기, 긍정적인 생각과 감사의 마음으로 긍정적 스트레스는 받아들이고 남을 헐뜯는 말과 비난과 같은 부정적 스트레스는 버리기 등을 행한다면 한결 편안해질 것으로 확신한다.

크기 91 * 65 복숭아와 부엉이 acrylic gouache, 2017년

인간관계 반란

01
막말은
절대 하지 마라

"고운 말에 밑천 들지 않는다."[26]

– 영어 속담

막말은 인격과 밀접한 관계가 있다. 막말을 하는 사람을 보면 천박해 보이고, 격이 떨어진다. 막말의 사전적 의미를 찾아보면, "되는대로 함부로 하거나 속되게 말함"이라 나와 있다.

지난해 11월 7일 전우용은 자신의 트위터에서 "트럼프로서는 참 드물게, 연설로나 트위터로나 '막말'을 남기지 않고 떠났다."며 "어떤 사람이든, 상대에 따라 태도가 조금씩 바뀌는 법"이라고 전했다. 그동안 우리가 우려했던 미국 대통령 트럼프의 막말이 일시적으로나마

---

26 Good words cost nothing. 립서비스가 몸에 밴사람의 공통적인 특징은 상대방의 기분을 잘 살펴 배려와 칭찬을 적절히 활용한다는 점이다.

'진지한' 사람이 된 정도로 외교적 성과를 평가한 것이다.

이처럼 막말은 사람 됨됨이를 좋지 않게 평가하는 습성을 가진다. 막말을 하는 사람은 그 사람의 인격 형성 과정에 문제가 있음을 나타낸다. 막말은 정화되지 않고 나오는 거친 언어를 뜻하며, 거친 언어는 생각이 정리되지 않은 상태에서 튀어나오는 것과 같다.

우리나라에서 남녀평등 사회가 이루어진 것은 불과 얼마 전의 일이다. 이전까지의 남성 위주의 사회는 여성들에게 있어 억압과 불평등에서 욕설과 폭행까지 이루 말할 수 없는 고통스런 세월이었다. 심지어 남성들은 육체적인 힘을 앞세워 여성들을 지배하려 하고, 감정에 의해 여성들을 윽박지르려 했다. 세상이 많이 변했는데도 이러한 나쁜 습성들이 여전히 사회 곳곳에 자리하고 있다. 막말은 사람을 추하게 만들고 그런 사람을 멀리하게 만든다.

이제는 남녀평등사회를 넘어 여성상위시대가 되었다. 여성들이 사회에 적극 진출하게 됨에 따라 남성들의 입지가 좁아지고 양성이 동등하게 경쟁하는 사회가 되었다. 이제 막말은 남성들의 전유물이 아니라 여성들도 심심찮게 욕설을 퍼붓는 사회로 급변함에 따라 정서가 메말라 가고 감정을 조절하는 능력이 많이 떨어지고 있다. 물질·황금만능의 사회현상은 개인주의와 이기주의를 더욱 촉진시켜 인간성 상실의 문제를 심화시켰다.

이는 부부와 가족관계에서도 작동되는데, 상호 존대말은 '내가 세상에서 가장 소중한 사람'이라는 인간 존중의 사고를 심어 주고 타인에 대한 인격 존중 사고를 지향해 지성과 예의를 갖춘 인격체를 만든다.

막말이 친근감이라 말하는 친구의 사례를 먼저 들어 보려 한다. 몇 년 전 친구 모임이 있었다. 나는 공무원이지만 그 친구들은 동향과 동일 업종으로 뭉쳐진 친구들이었다. 그 친구들 중 나와 초등학교 친구가 있어서 자연스럽게 그 모임에 들어가게 되었다. 바른말 고운 말은 그 사람의 인격을 평가할 수 있는 척도다. 친구들이 사용하는 친근감을 빙자한 용어는 '인마', '자식아' 등이었다. 나는 그들이 내게 사용하는 그 언어들이 귀에 거슬렸지만 그들의 문화라 생각하고 참으며 듣는 것이 스트레스가 되어 모임이 좋게 느껴지지 않았으며, 공통 대화 내용도 내가 생각하는 부분과 많은 차이가 있어 갈등을 겪고 있었다.

그러던 어느 날, 그들의 언어를 사용하는 것이 친근감이라는 생각에 용기를 내어 그들에게 친근감이라 일컫는 용어를 사용하자, 그들의 반응이 의외로 내게 다가왔다. 마치 충격을 받은 듯한 표정들이었다. 왜 욕을 하냐는 것이었다. 나는 어이가 없었다. 자기들은 자연스럽게 사용하면서 내가 사용하면 안 된다는 이상한 논리, 그 이유를 물었더니 그들은 평소 사용하는 언어지만, 나는 평소에 사용하지 않기 때문에 그 말은 욕이라는 설명이었다. 나는 그날부로 그 모임에서 탈퇴했다.

다음은 막말에 적응하는 친구의 예다. 이 친구는 벌써 알고 지낸 지 12년 이상이 됐다. 초등학교를 졸업하고 곧바로 서울로 상경해 나이트클럽, 술집 등에 근무하며 이른바 밑바닥 인생을 시작했다. 그는 기분이 좋아지면 상대방을 부를 때 욕지거리를 하는데, 처음에는 상당히 거부감이 있었으나 지금은 그런가 보다 하고 아무렇지 않게 넘어간다. 이런 경우에는 막말이라기보다 친근감이라고나 할까?

막말도 상대방이 이해하고 넘어갈 수 있으면 괜찮다고 볼 수 있지만, 초면이나 이해하기 힘든 정도의 말이라면 조심을 거듭해야 한다. 두 경우에서 보았듯이 막말을 받아들일지의 여부는 보편성에 있다고 보아야 한다. 일상을 넘어선 말이라면 이미 언어의 틀을 벗어난 것이다. 고운 말과 바른말은 사람의 품격을 높이며, 인간관계의 폭을 넓힘을 명심하자.

02

문제 발생 시 회피하지 말고
정면 돌파하라

"행동하는 사람 2%가 행동하지 않는 사람 98%를 지배한다."

– 지그 지글러[27]

문제가 발생하면 피하지 말고 어떻게 해결할 수 있을지 고민하라. 인간이 걱정하는 것 중 70% 정도는 근심하지 않아도 저절로 해결되는 것들이라고 한다. 문제가 발생했을 경우, 여유를 가지고 넓은 시각으로 그 문제의 핵심을 바라보면 의외로 해답을 명쾌하게 볼 수 있다.

인간은 이기적인 동물이다. 그래서 문제가 발생했을 때 먼저 그 일을 어떻게 해결할 수 있을까를 고민하는 것이 아니라, 위기를 떠넘길 상대방을 찾는다. 문제를 자신에게로 돌리는 일은 상당한 훈련으로

---

27 Zig Ziglar(미국, 1926년 11월 6일~). 소설가, SMEI 선정 올해의 강연자. 가장 유명한 대중연설가 중 한 명이자 최고의 동기부여가, 자기계발과 성공학의 대가. 세계 여러 나라에 소개된 세계적인 베스트셀러 『정상에서 만납시다(See You at the Top)』의 저자.

단련하지 않는 한 어려운 문제다. 우선 문제를 스스로 인식하고 남 탓을 하지 않도록 자기중심을 찾는 일이 중요하다. 문제의 중심을 자신에게 돌리고 해결 방안을 찾기 위한 노력을 하는 것이 현명한 일이다. 그렇게 해결 방안을 찾다 보면 사람의 그릇도 커질 수 있는 능력이 자연스럽게 생겨난다.

자신이 하기 싫은 문제나 행동은 다른 사람도 똑같이 하기 싫은 법이고, 내가 좋아하는 것은 다른 사람도 대부분 좋아하는 법이다. 본인이 좋아하는 것은 자신에게 이익이 돌아오고 혜택이 많은 경우이나, 본인이 싫어하는 것은 본인에게 불이익이나 혜택이 거의 없는 경우다. 타인에게 존경받기 위한 가장 좋은 방법은 타인이 꺼리거나 싫어하는 일을 자연스럽게 도와주거나 해결해 주는 것이다.

이와 맞물려 자신에게 어떤 문제가 발생했을 때, 꺼려하거나 움츠러들지 말고 해결하고자 하는 굳건한 정신자세로 맞선다면 문제는 의외로 쉽게 해결될 수 있다. 정면 돌파하면 생각나는 사람으로 김대중 전 대통령을 꼽을 수 있다. 그는 '행동하는 양심으로'라는 구호로 유명하며, 실천하지 않는 이론과 사상은 문제를 해결할 수 없다고 했다.

문제가 발생했을 경우 회피하지 말라는 의미를 좀 더 깊이 생각하며 시간적 여유를 가지고 지켜보는 방법도 좋다. 잠시 문제를 접었다가 시간이 지난 다음 다시 보면 아주 쉽게 해결할 수 있는 경우가 많다. 사건의 실마리가 안 풀리면 일단은 덮어라.

인간에게 주어진 시간은 결코 길지 않다. 물론 수명의 연장으로 인해 살아갈 날이 늘어난 것은 사실이지만, 우리가 살아가면서 부닥치는 일들은 부지기수다. 항상 두 갈래의 길에서 결정하고 판단해야 하는 것이 우리 인생이다. 피한다고 유리할 것은 아무것도 없다. 때론 더러워서 피하는 경우도 있겠지만, 가급적 정면으로 문제를 돌파할 생각을 평소부터 지니고 있는 편이 낫다. 정면 돌파를 통해 문제를 해결했을 경우, 해냈다는 자신감을 통해 앞으로의 인생 경로를 좀 더 수월하게 헤쳐 나갈 수 있기 때문이다.

한번 경험해서 이뤄 낸 결과물들은 그와 비슷한 상황이 발생했을 때 전보다는 훨씬 쉽게 돌파해 낼 수 있는 능력이 생기게 한다. 그래서 문제 해결의 중심에는 경험보다 소중한 것이 없다. 문제를 해결하고자 하는 능력이 바로 문제 발생 시 돌파하려는 자세다. 문제해결능력은 성격에서도 나온다. 긍정적이고 적극적인 사람은 발생한 문제를 결코 회피하지 않지만, 소극적이고 수동적인 사람은 남에게 책임을 전가하고 문제를 해결하기보다는 회피하려는 경향이 농후하다.

신대수 씨는 『백만장자 클럽』에서 위와 비슷한 맥락의 비교를 하고 있다. 수십 가지 중 몇 가지를 언급하면, 적극적인 사람은 스스로 편안함을 탈피해 무언가를 향해 가지만 소극적인 사람은 편안함에 안주하며, 적극적인 사람은 모든 문제에서 해결책을 찾지만 소극적인 사람은 모든 해결책에서 문제점만을 끄집어낸다고 한다. 또한 적극적인 사람은 자신이 할 수 있다고 믿지만 소극적인 사람은 자신이 할 수 없다고 믿는다고 언급한다.

멋진 인생을 살려면 스스로 책임질 수 있는 강인한 정신력을 바탕으로 문제를 풀어 가려는 긍정적인 생각이 반드시 필요하다.

03
일희일비하지 마라

"이 또한 지나가리라."

– 「다윗의 반지」

다윗왕의 유명한 일화 중에 '다윗의 반지'가 있다. 어느 날 다윗왕은 궁중의 반지 세공사에게 다음과 같은 지시를 내린다. "내가 슬프고 괴롭고 고통스러울 때, 그 어려움을 이겨 나갈 수 있는 힘을 주고, 내가 기쁘고 즐거워서 그로 인해서 실수하지 않을 수 있도록 상기시켜 주는 말을 그 반지 안쪽에 새겨 주시오." 어떤 상황에서도 마음을 다스릴 수 있는 글귀를 요구하자, 세공사는 고민 끝에 지혜로운 솔로몬 왕자를 찾아가 부탁을 한다. 그러자 솔로몬 왕자는 "이 또한 지나가리라(Soon it shall also come to pass)."라는 글귀를 넣으라고 한다. 이 것은 다윗왕이 승리에 자만하지 말고, 절망 중에도 용기를 얻을 수 있을 것이라는 내용이다.

세상은 하루를 살고 마는 일이 아니다. 시간은 시시각각 흘러가고 상황도 수시로 변화한다. 100년이라는 시간 속에 기쁨과 슬픔, 고통과 희망이 교차하는 경우가 어찌 한두 번이겠는가? 모든 상황을 마음속으로 겸허히 받아들이고 평화를 유지하는 것이 중요하다.

사람에게는 평상심이 있어야 한다. 사람들을 만나다 보면 기분이 좋지 않으면 버럭 화를 내다가 기분이 좋아지면 헤헤거리는 사람을 종종 볼 수 있다. 본인은 어떨지 모르지만 함께하는 사람은 그 사람 때문에 감정의 기복에 큰 영향을 받는다. 그래서 평상심을 유지하는 것이 매우 중요하다. 여기에서 평상심이란 '특별한 일이 없는 평상시와 같은 평온한 마음 상태'를 말한다.

중국의 작가 장쓰안은 '평상심을 유지하는 6가지 지혜'를 다음과 같이 피력하고 있다. 상대를 긍정하는 자세를 가져라. 상대방의 처지를 공감하라. 상대방과 소통하라. 자신의 실수를 인정하라. 타인의 말보다는 자신을 믿어라. 책임지는 것을 회피하지 마라. 이처럼 평상심을 유지한다는 것은 마음 상태를 조절할 능력이 갖추어져 있음을 의미한다.

마음의 조절능력은 여러 가지 요소가 있다. 정신적인 수련이나 마음의 여유, 차분한 성격을 만들려는 노력이 있다. 화가 날 때 한 번 더 생각하고, 말을 전달할 때도 한 번 더 생각하는 자세가 중요하다.

일희일비는 상대방 입장에서는 달가운 일이 아니다. 일희일비하는 사람이 한 조직의 최고 관리층이나 중간 관리층일 때, 일반직원들은 일의 진척에 어려움을 느낄 것이고 상사의 눈치를 보느라 업무효율성이 떨어질 것이다. 따라서 일희일비하는 관리층의 자세는 조직 전체의 효율성이나 체계를 위해서도 바람직하지 않다. 평상심의 훈련은 평소에 하는 것이 중요하다.

일희일비(一喜一悲)는 새옹지마의 뜻과 유사하다. 새옹지마(塞翁之馬)는 중국 전한시대의 서책『회남자』의 내용 중「인간훈」에서 유래한 고사성어로서 직역하면 '변두리 노인의 말'이라는 뜻이다.

북쪽 변방에 한 노인이 살고 있었는데, 어느 날 이 노인이 기르던 말이 도망가자 사람들은 "말이 도망가서 어째요?"라고 위로했지만, 이 노인은 "이게 복이 될지 어찌 알겠소."라며 낙심하지 않고 덤덤한 표정을 지었다. 그런데 얼마 후, 도망갔던 말이 여러 마리의 야생마들을 이끌고 노인에게로 돌아왔다.

사람들은 "이제 부자가 되셨구려."라고 축하했지만 이 노인은 "이게 화가 될지 어찌 알겠소."라며 기뻐하지 않고 또 덤덤한 표정을 지었다. 그런데 노인의 아들이 그 말들 중에서 좋은 말 하나를 골라 타고 다니다가 그만 말에서 떨어져 다리를 크게 다치고 말았다. 사람들은 "아들이 다쳐서 저 지경이 되었으니 어째요?"라고 위로했지만 노인은 "이게 복이 될지 어찌 알겠소."라는 태도를 보였다.

얼마 후, 오랑캐들이 쳐들어와 많은 남자들이 전쟁터에서 전사했지만 노인의 아들은 다리를 못 쓰게 된 탓에 징집되지 않고 살아남을 수 있었다. 그제야 사람들은 노인이 왜 그리 모든 일에 덤덤했는지를 알게 되었다고 한다.

인생에 있어서 화와 복은 알 수 없으니 매사에 일희일비하지 말라는 의미의 새옹지마(塞翁之馬)를 타산지석으로 삼아야 할 것이다. 한 치 앞을 알 수 없는 우리의 인생이다. 새옹지마 대신 새옹실마(塞翁失馬)라고도 하며 '변방 노인이 말을 잃다'라는 말에서 유래된 이 고사를 마음속에 간직한다면, 살아가는 데 있어 어려움이 있을 때 마음을 다잡는 데 큰 도움을 얻을 수 있을 것이다.

크기 91 * 65 복숭아와 부엉이 acrylic gouache, 2017년

04

비관자들의 감정적 공격을
덤덤히 받아들여라

"비관자와 낙관자의 차이는 가문이 아니라 정신이다."

– 로버트 해럴드 슐러[28]

세상을 비관적으로 살아가는 사람들의 특징은 타인의 단점을 어떻게 해서든지 찾아내려고 애쓴다는 사실이다. 비관자들과 만나 이야기를 하다 보면 자신도 모르게 우울해지고 이야기가 음침하게 변하기 마련이다. 비관자들은 세상을 바라보는 시각이 삐딱하다. 남의 말을 함부로 전할 뿐만 아니라 흉을 보는 것이 생활화되어 있다. 존경보다는 질시를 하고, 남이 잘되는 것은 무슨 덕이나 탓일 거라고 돌린다.

비관적인 사람들은 만나는 사람의 기분을 좋게 하는 것이 아니라 기운을 떨어뜨리고 사기를 저하시키는 사람이다. 이런 사람들은 친

---

28 Robert Harold Schuller(1926.9.16.~2015.4.2.)는 미국의 텔레비전 선교사이자 목사이다.

구들이 많지 않다. 사람들을 헐뜯고 미워하는 감정으로 꽉 차 있기 때문이다. 비관자들의 특징은 남의 말을 경청하기보다는 자기 위주의 독선적인 생각으로 가득 찬 경우가 많다는 것이다. 또한 정제된 언어가 아닌 거친 언어의 표현으로 경망스럽다는 생각이 들 정도로 상대방으로 하여금 불쾌감을 초래한다.

비판은 남이 싫어하는 말을 쏟아내는 도구가 아니라 상대방이 수용할 수 있을 정도의 논리적이고 합리적인 원칙이 내포되어 있어야 한다. 정당한 비판은 상대방으로 하여금 감사의 마음을 갖도록 만들어 낼 수 있고, 상대방의 앞길에 큰 도움을 줄 수 있다. 비판을 할 때는 감정이 섞여 있어서는 안 된다. 큰 소리를 앞세워 상대방을 압박하는 것은 비판이 아니라 질책이나 훈계다. 비판에는 과정과 절차가 따른다.

비판은 이성적이어야 한다. 상대방을 위하는 진정한 마음이 비판 속에 깔려 있어야 한다. 사람은 이성을 가진 동물이기에 상대방이 비판이라고 주장하는 바에 대해 자신을 위해 들려주는 이야기인지 말장난인지 금세 구분한다.

비판이 아닌 감정적인 말장난을 하는 사람들의 이야기는 흘려버려라. 비관자들은 자신에게 내재된 불평과 불만을 상대방에게 전달해 자신의 격한 감정과 기분을 해소하려 할 뿐이며, 이러한 대상으로 여러분을 타깃으로 삼았을 뿐이다. 비관자들은 상대방을 배려하지 않고 본인의 기분에 따라 이야기를 전개한다.

네이버 블로그의 큰솔 농원님은 비관자를 위한 10가지 충고를 내놓고 있는데 다음과 같다. 첫째, 나의 마음의 평안을 아무도 침범하지 못하도록 강자가 되기로 다짐하라. 둘째, 누구를 만나건 간에 건강, 행복 그리고 발전만을 말하라. 셋째, 나의 모든 친구들에게 그들도 어떤 가치 있는 것들을 가지고 있음을 알게 하라. 넷째, 모든 것을 밝은 면만 보고 최선의 결과를 기대하라. 다섯째, 최선을 다하여 생각하고 일하고 최선의 결과를 기대하라. 여섯째, 자신이 성공했을 때처럼 남이 성공했을 때에도 열의와 찬사를 보내라. 일곱째, 과거의 실수를 잊고 미래의 더 위대한 성취를 위하여 돌진하라. 여덟째, 항상 친절하게 대하고 만나는 모든 사람들을 웃음으로 맞이하라. 아홉째, 남을 비난하지 말고 자기 자신을 개선하라. 열째, 걱정하지 않는 사람 화내지 않는 사람 고상한 사람, 두려워하지 않는 강인한 사람, 고민하지 않는 행복한 사람이 되기로 다짐하라.

또한, 비관자와는 논쟁해서는 안 된다. 데일 카네기는 자신의 저서 『인간관계론』에서 하나의 경험담을 들려준다. 지금 내가 어떤 사람에게 차 한 대를 팔기 위해 고객과 상담을 한다고 가정해 보자. 그런데 상대방은 항상 부정적인 태도를 취하고 있다. "기화 카톡스[29]라고요? 그걸 누가 공짜로 준다고 해도 나는 그 회사 차보다는 현도 회사의 스타맥스를 사겠습니다." 그럴 경우 나는 이렇게 그의 말에 맞장구를 친다.

"네, 현도의 스타맥스는 훌륭한 차입니다. 아마 고객께서 스타맥스

---

[29] 편의상 독자들의 이해를 돕기 위해 회사명과 차명을 저자 임의로 바꿔 표현했다.

를 사신다면 결코 후회하지 않을 것입니다. 스타맥스는 일류회사에서 제작한 것이고 양심적인 세일즈맨들이 판매하는 것이니까 믿을 수 있을 겁니다." 내가 이렇게 나가면 그는 아무 말도 못하게 되어 논쟁의 여지가 없어진다. 그가 스타맥스가 최고의 제품이라고 말했고, 나 또한 그렇다고 그와 맞장구 쳤으니 더 이상 나에게 무슨 말을 하겠는가. 이렇게 되면 그 사람은 당장 화제를 바꾸게 되고, 상대에게 약간 미안한 마음에서라도 기화 카톡스에 대한 장점을 말하게 된다.

그러나 그전의 나는 어떠했는가. 상대방이 스타맥스에 대해서 칭찬하기 시작하면 나는 곧장 스타맥스에 대한 험담을 늘어놓기 시작한다. 그렇게 되면 내가 스타맥스에 대해서 많은 험담을 늘어놓을수록 상대방은 더욱 그 스타맥스를 두둔하게 되는 것이다. 또한 그러는 사이 그는 스타맥스가 좋은 제품이라는 인상을 받게 되니 내가 그에게 차를 팔지 못했던 것은 당연한 결과가 아니겠는가 하는 회고다.

벤저민 프랭클린도 다음과 같이 말했다. "당신은 논쟁을 벌여 마침내 상대방을 굴복시키고 승리를 쟁취하고는 무한한 성취감을 느낄 수 있을 것이다. 그러나 이것은 한 사람의 벗을 잃는 것이기 때문에 그 승리는 결국에는 공허한 것이 되고 말 것이다."라고. 독자들이여 명심하라. 비관자들에 대한 감정적인 공격을 감정으로 받아들이지 말고 흘려버려라. 그래야 마음이 편안하고 정신건강에 유익할 것이다.

05
상대방을
신뢰하라

"아무도 신뢰하지 않는 자는 누구의 신뢰도 받지 못한다."[30]

– 제롬 블래트너

상대방을 신뢰한다는 것은 상대방을 전적으로 믿는다는 것과 같다. 믿음은 신뢰의 정도를 일컫는 말이다. 믿음은 상호 쌍방 간의 관계이다. 일방적인 믿음은 종교, 특히 기독교 정신에서 볼 수 있다. 신자들의 예수에 대한 무조건적인 믿음이 그렇다.[31] 우리 인간사에서 유일하게 이 믿음이 미치는 것이 부모의 자식에 대한 믿음이다. 자식은 부모를 배반할 수 있으나 부모는 절대로 자식을 배반하지 않는다.

믿음이 적용되는 분야 중, 먼저 부부간의 믿음에 대해 언급해 보기

---

30 A person who trusts no one can't be trusted.(원문).

31 부활한 예수를 만난 후부터 예수의 제자들은 하나님의 아들임을 확신하고 복음을 전파하며 혹독한 죽음도 불사하고 순교했다. 믿음과 확신이 죽음보다 강하다는 것을 보여 주고 있다.

로 하자. 부부란 남남이 만나 애정이라는 틀을 형성하여 신뢰를 바탕으로 형성된 사회적 관계이다. "금슬이 좋은 부부"란 말을 우리는 사용한다. 그것은 서로에 대한 믿음이 돈독한 것을 의미한다. 정도의 차이는 상대방에 대한 배려와 인내 속에서 나온다. 그들의 대부분은 이기적이지 않으며 상대를 배려하는 기본적인 신뢰의 마음을 가지고 있다.

일전에 천주교에서 내건 "내 탓이요"라는 문구가 생각난다. 바로 잘못된 사건이나 원인들이 타인 때문에 발생한 것이 아니라 본인 자신으로부터 생겨났다는 반성과 배려의 정신인 것이다. 다시 말해, 모든 문제를 남의 탓으로 돌리기 전에 잘못을 자기 자신 속에서 찾고 스스로 반성하고 상대의 고통을 본인이 지고 나가려는 정신이 바로 신뢰요 믿음으로 가는 첩경인 것이다.

다음은 우리의 일상적인 사회로 돌아가 보기로 하자. 우리 사회는 자본주의이기 때문에 자본이 기본적인 경제적 도구가 된다. 모든 사회적 틀이 돈과 연관되어 있다. 상거래, 취미활동, 자아성취 등 돈과 연관되지 않은 것이 없다. 그렇기에 인간은 이기적이 될 수밖에 없고, 이에 따라 믿음이니 신뢰니 하는 용어가 등장하게 된 것이다. 상대에 대한 믿음과 규칙을 벗어나면 인간사회에서 소외되거나 법이라는 틀 아래 벌을 받게 된다.

종교도 이러한 바탕 아래 생겨나게 되었다. 종교의 성전은 대부분 인간의 잘못을 꾸짖고 좋을 일을 하도록 권장하고 있다. 인간이 악을 저지르고 이기적이며 신뢰와 믿음이 무너졌기에 종교는 인간의 마음속으로 파고들 수 있는 것이다.

우리는 다시 한 번 자신을 돌아보고 인간이라는 특수성을 생각하면서 서로 믿고 신뢰할 수 있는 사회로 가야 할 것이다. 점점 도덕적 해이와 물질만능으로 치닫고 있는 이기적인 사회에서 도덕적으로 재무장한 진정한 인간으로 거듭나야 할 것이다.

모든 일은 한 번에 이뤄지지 않는다. 기초부터 차근차근 변화시켜야 한다. 그러기 위해서는 자신부터 변해야 한다. 남을 생각하고 남을 신뢰하는 기본적인 마음이 싹틀 때, 우리는 성숙한 인간으로서 따뜻한 애정이 넘치는 사회를 만들어 갈 수 있을 것이다.

남을 믿을 수 있다는 것은 상대방보다 생각의 깊이가 한 수 위에 있다는 뜻이다. 믿는다는 것은 순수하게 믿는 의미와 속아 주면서 믿는다는 의미가 있다. 남을 신뢰할 때는 설령 상대방의 의도가 불손하더라도 믿어 주는 지혜가 필요하다. 그의 말에 수긍해 주고 인정해 주면 불손한 의도를 가진 상대방이라도 분명 감동받을 것이다. 상대방에게 무조건적인 신뢰를 주는 마음이 중요한 이유다.

상대방에 속으면 손해라는 개념도 과감하게 버릴 것을 요구한다. 손해와 이익은 인간이 만들어 낸 손익계산의 경계일 뿐이다. 내가 상대방을 믿으면 상대방은 분명히 나를 믿게 되어 있다. 내가 상대방을 믿지 못하기에 상대방이 나를 믿지 못하는 것이다. 인간관계는 상호작용이며 쌍방의 관계다. 남을 탓하기 전에 나의 이성과 수준을 돌아봐야 하고 상대방보다 월등한 지혜를 쌓아야 한다.

신뢰의 사전적 의미는 "다른 사람의 향후 행동이 본인에게 호의적이거나 최소한 악의적이지 않을 가능성에 대한 기대와 믿음"이다. 신뢰와 신용이라는 용어를 가장 많이 사용하는 곳은 아마 은행일 것이다. 그러나 신뢰를 가장 필요로 하는 곳은 인간관계에서다. 친구와의 관계, 동료와의 관계, 선배와의 관계 등 경제적 관념이 아닌 인간적인 관계에서 신뢰가 구축되어야 한다. 물론 경제적 관점에서 신뢰가 허술하다는 것은 아니며, 관계적 측면에서 사회적인 면을 강조한 것이다.

신뢰의 바탕에는 배신이라는 단어가 있다. 신뢰를 저버리는 행위 속에 배신이라는 아픔을 겪는다. 믿는 도끼에 발등 찍힌다는 의미도 같은 맥락이다. 그렇지만 우리는 비록 속을지라도 신뢰하는 마음으로 사회생활을 영위해 나가야 한다. 한두 번의 배신당하는 행위는 신뢰 행위를 더욱 공고하게 만들 것이기 때문이다.

06
노력하는
지도자가 되라

"혁신이 지도자와 추종자를 가른다."

– 스티브 잡스

지도자란 리더십이 있는 사람을 말한다. 리더십이란 용어는 학자에 따라 여러 가지로 정의되지만 대체적으로 "개인적 특성, 행동, 타인에 대한 영향력, 상호작용 형태, 역할 관계, 한 관리 직책의 점유 및 영향력의 합법성에 관한 타인들의 지각 등에 의해서 특징짓는 작용"으로 표현할 수 있다. 리더십은 헤드십과 구별된다. 리더십이 있는 사람은 권위가 따르지만 헤드십이 있는 자는 권력 남용과 억압이 있을 따름이다.

　계층구조에서 가장 중요한 것은 지도자의 역할이다. Free D.Fiedler에 의하면 "훌륭한 리더십은 집단(group)과 조직(organization)의 성공을 가져오고, 나쁜 리더십은 실패를 가져온다."고 하였다. 지도자는 배의 선장과 같다. 방향키를 잘 다루어야 배는 순항을 하며 폭풍우를 만나도 정해진 항로로 전진할 수 있다.

하부계층으로부터 불신과 굴욕감을 느끼게 하는 상사는 이미 좋은 지도자가 아니다. 지도자의 길을 버리고 조용히 조직을 떠나야 한다. 대표적인 리더십에 관한 명언들을 살펴보자.

■ 미국 정치학자 제임스 번스(James M. Burns, 1918~) ■

위대한 지도자는 위대한 추종자를 요구한다(Great leaders require great followers).

■ 이탈리아 정치가 니콜로 마키아벨리(Niccoló Machiavelli, 1469~1527) ■

통치자의 자질 평가의 첫 번째는 주변 참모들을 관찰하는 것이다(The first method for estimating the intelligence of a ruler is to look at the men he has around him).

■ 미국 조지 패튼(George S. Patton, 1865~1945) ■

일을 어떻게 할 것이지 사람들에게 말하지 말고, 무엇을 할 것인지 제시하면 그들의 재능으로 당신을 놀라게 할 것이다(Never tell people how to do things. Tell them what to do and they will surprise you with their ingenuity).

의견의 일치는 리더십의 부정이다(Consensus is the negation of leadership).

■ 미국 역사가 게리 윌스(Garry Wills, 1934~) ■

부패한 사람들은 도덕적인 리더십에 반응하지 않는다(A corrupt people is not responsive to virtuous leadership).

새로운 지도자는 많다. 새로운 지도자에게 앞길을 열어 주어야 한다. 내가 아니면 이 일을 할 수 없을 거라는 어리석은 생각은 버려야 한다. 멋진 지도자는 떠날 시기를 명확히 진단하지만, 헤드십만으로 자신의 이익만을 추구하는 지도자는 아집과 독단적인 생각으로 차 있어 현실에 안주하며 자리만 지키고 있을 뿐이다.

사회구조가 획일적이고 인간 행동이 단순했던 시대에는 리더에게는 강력한 권력이 필요했다. 하지만 개인의 자유와 창의성이 존중되는 현대 조직사회에서는 조직과 부하의 성격, 리더 개인의 성격, 인간 심리 통솔 방법, 조직 진단 등에 대해 부단한 연구와 자기 훈련을 통해서 참다운 리더는 탄생하는 것이다.

리더십을 발휘하기 위한 조건은 조직이 가야 할 방향을 정확하게 제시하여야 하고(비전), 조직 구성원으로부터 인간적인 신뢰를 얻을 수 있어야 하며(신뢰), 구성원의 열성과 행동의 전폭적인 지지를 얻을 수 있어야 한다(지지). 리더십의 일반화된 유형은 레빈(Lewin, Kurt)이 주장한 것으로, 전제형 리더십, 민주형 리더십, 자유 방임형 리더십이 있다.

먼저, 전제형 리더십은 조직 내의 모든 의사 결정을 리더 혼자서 하는 유형으로서 의사 결정과 권력 및 책임이 리더에게 있고, 리더와 구성원의 관계는 수동적이며 업무의 성과는 위기 시에 효과를 발휘한다.

둘째, 민주형 리더십은 의사 결정을 위해 리더와 조직 구성원들이 함께 토론하는 유형으로서 의사 결정권은 리더의 조언과 집단 토론으로 결정되며 권력과 책임을 직원들과 함께 나누는 호의적 관계로서 업무의 싱과가 평상시에 높다.

셋째, 자유 방임형 리더십은 리더가 의사 결정에 참여하지 않는 유형으로서 리더는 결정에 불참하고 구성원 개개인이 결정하는 구조로서 권력과 책임은 부하에게 있으며 리더와 구성원은 상호 무관심하며 업무의 성과는 최저 상태라고 할 수 있다.

독자 여러분은 어떤 유형인지 스스로 판단해 보는 것도 재미있을 것이다.

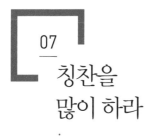

07
칭찬을
많이 하라

"바람이 없을 때 바람개비를 돌리는 길은 앞을 향해 달려가는 것이다."
– 데일 카네기[32]

'칭찬'하면 생각나는 것은 세계적인 경영 컨설턴트인 켄 블랜차드의 저서 『칭찬은 고래도 춤추게 한다』일 것이다. 칭찬이 가져오는 긍정적 효과와 인간관계를 풀어낸 밀리언셀러다. 데일 카네기는 사람을 움직이는 9가지 방법을 제시하고 있는데, "상대를 맘껏 칭찬하라. 상대에게 간접적으로 주의를 줘라. 자신의 잘못을 먼저 솔직하게 말하라. 결코 상대에게 명령하지 말고 부탁하라. 상대의 체면을 세워 줘

---

32 데일 카네기(Dale Breckenridge Carnegie, 1888~1955)는 미국의 작가이자 강사이며 카네기재단의 설립자. 동서양의 문화를 접목시켜 인간경영 분야에 기념비적인 업적을 남긴 인물로 평가받고 있다. 그의 저서인 『인간관계론』은 수천만 부 이상의 경이적인 판매를 기록하며 세계적인 베스트셀러로서, 인간관계의 최고 바이블로 불리고 있다. "The way to blow windmill without wind is to run toward."(원문).

라. 상대의 사소한 일에도 아낌없이 칭찬하라. 상대에게 기대감을 표시하라. 상대를 격려하여 확신을 갖도록 하라. 상대의 자발적인 협력을 유도하라."이다.

역시 눈에 띄는 것은 '칭찬'이라는 단어다. 칭찬은 상대방에게 긍정의 에너지를 전달한다. 교육에서 칭찬만큼 좋은 효과는 없다. 미국 하버드대학 교수인 로젠탈은 1968년 미국의 한 초등학교 1개 학급 전체를 대상으로 지능검사를 실시하고, 이 검사와 별개로 20%의 학생을 무작위로 제비뽑으면서 해당 교사에게는 이 학생들의 지능이 매우 높다고 거짓 정보를 제공하고 격려를 부탁한 후 명단을 건네준다. 놀랍게도 재차 지능검사를 한 결과, 20% 무작위 선정된 학생 실험집단의 지능이 향상되었다.

이는 기대와 격려, 칭찬이 얼마나 중요한지를 알려 주는 사례다. 이렇듯 자녀들에게 동기를 부여하고 격려하고 칭찬하면 자녀들은 기대에 부응하기 위해 더욱 노력함으로써 좋은 결과를 가져올 수 있다. 이와 반대로 나쁜 사람으로 낙인을 찍으면 그 사람은 스스로 나쁜 행동을 계속한다는 스티그마 효과가 있으니 참고하면 좋을 것이다.

우리가 100년이라는 세월을 사는 동안 많은 사람을 만나면서 어떠한 생각을 가지고 이야기하고 있는가를 뒤돌아보면, 아마도 칭찬보다는 남의 뒷담화를 하는 경우가 태반일 것이다. 부부의 경우를 예를 들어 보면, 부부 상담 전문가인 워싱턴대학교의 심리학자 존 고트먼 교수[33]는 오랫동안 행복한 부부관계를 유지하려면 긍정적인 말을 부정적인 말보다 다섯 배 정도 더 많이 사용해야 한다고 주장한다.

그는 700쌍 이상의 부부를 대상으로 관찰하였는데, 그 결과 이 사실이 확인되었다. 비디오 촬영을 통해 부부의 대화를 분석해 행복한 결혼 생활과 이혼을 결정짓는 가장 중요한 변수를 찾아냈는데, 그것은 부부간에 주고받는 긍정적인 대화와 부정적인 대화의 비율이었다.

실험 분석 결과에 의하면 금실이 좋은 부부들은 비난이나 무시와 같은 부정적인 발언을 한 번 했다면 격려와 칭찬과 같은 긍정적인 표현을 적어도 5번 이상 하는 것으로 나타났다. 반면 긍정적인 대화와 부정적인 대화의 비율이 5:1 이하로 떨어지면 결혼 생활에 금이 가기 시작했다는 것이다. 그래서 고트먼 박사는 긍정적 대화와 부정적 대화의 비율 5:1을 마법의 비율이라고 명명했다고 한다.

실제로 사람을 칭찬하면 자신이 행복한 감동에 빠지면서 알파파란 뇌파가 나와 몸 전체에 좋은 기운이 흐르게 된다고 한다. 자식들에게 칭찬을 많이 하면 아이를 버린다고들 하지만, 실상은 그렇지 않다. 지속적으로 칭찬을 받고 자란 아이들은 다른 사람을 칭찬하는 법을 배우지만, 칭찬을 받지 않고 자란 아이들은 부정적인 시각으로 남을 헐뜯고 시기하고 비난하기 십상이다.

칭찬에 인색해서는 안 된다. 칭찬은 긍정의 이미지와 마인드를 아이들 마음속에 심어 줌으로써 사회생활에서도 성공적인 삶으로 이끌 수 있다. 칭찬을 많이 받고 자란 아이들의 표정은 매우 밝다. 실제로 미국 뉴욕 포르담 대학원 주디 스미스 박사팀의 연구 결과에 의하면,

---

33 1942년생. 미국 워싱턴대학교 심리학과 명예교수.

주당 1회 이상 심한 체벌을 받고 자란 아이는 따뜻한 가정환경에서
자란 아이보다 IQ 측정에서 10 정도 낮은 수치를 나타낸다는 사실이
드러났다.

칭찬을 많이 할 것인지, 아니면 비난을 많이 할 것인지는 전적으로
독자 여러분에게 달려 있다.

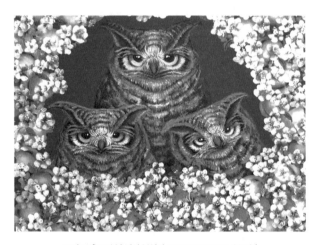

크기 75 * 60 복숭아와 부엉이 acrylic gouache, 2017년

자기계발 반란

학문적 이론을
닦아라

책은 우리들이 미처 경험하지 못한 간접경험의 세계다. 우리들이 평생 동안 읽을 수 있는 분량은 한정되어 있지만, 그것을 통해서 넓은 세상을 이해하고 경험하게 된다. 책이라는 것은 책을 쓴 사람의 인생이 담겨 있으며, 작품 속에도 그의 내재적 상상과 사상이 그대로 적용되어 있다.

경험하면 떠오르는 것이 여행인데, 여행가가 아프리카 오지를 탐험하고 난 후 쓴 책은 우리가 직접 현장을 다녀오지는 않았지만 독서를 통해서 마치 현장을 체험한 것처럼 우리에게 그대로 전달된다. 이처럼 책 속에는 미처 우리가 알지 못한 보물들이 숨겨져 있는 것이다. 우리가 전문가가 되어 그 분야의 책을 써서 세상에 내놓으면 다른 사람들도 책을 통해 간접경험을 하게 되는 것이니, 책의 유용성은 상호 작용을 한다고 볼 수 있다.

클라이브는 "책은 생활에 대한 새로운 정보를 주고, 어떻게 살 것인가를 우리에게 가르친다."고 했고, 소식은 "만 권의 책을 읽으면 신의 경지에까지 통한다."고 전했으며, 몽테스키외는 "책 읽기를 즐긴다는 것, 그것은 권태의 시간을 기쁨으로 시간으로 바꾸는 것이다."라고 책을 예찬했다. 또한, 독일 속담에는 "학문과 지식은 소(牛) 입에서도 배워라. 학문을 하는 데 세 요건이 있으니 지(志)와 근(勤)과 호(好)다. 학문이 있는 미래는 죽은 뒤까지 말을 한다."라고 말하고 있다.

배우려는 의지와 중단하지 않는 성실함과 억지가 아닌 재미가 있을 때 학문의 길이 열리고 체계적인 지식으로 정착될 수 있다. 학문의 결과물은 다음 세대로 이어지는데, 이것이 바로 불멸의 고전들이 지금까지 독자들에게 읽히는 이유다.

전문가가 될 수 있는 학문의 연구 방법과 유용성, 중요성에 대해 살펴보면 다음과 같다. 오랜 시간 동안 지치지 않고 공부할 주제를 선택하라. 오랜 시간의 기준은 몇 년이 될 수도 있고 몇 십 년이 될 수도 있는데, 오랫동안 공부해 누군가 그 분야의 전문가가 될 수 있다면 다른 사람도 그렇게 될 수 있는 가능성이 있다는 것을 기억하고, 한 분야에 몰두하면 누구나 전문가가 될 수 있다.

전문가가 되는 것은 자격증을 취득하는 일이 아니다. 부동산 거래 자격증이 있다는 것이 부동산 전문가임을 의미하는 것은 아니다. 단순히 자격증이 필요하다면 굳이 전문가가 될 필요는 없다. 대부분의 자격증은 어떤 것을 학습했냐는 것에 대한 증명일 뿐이다. 많은 전문가들이 그것으로 수익을 창출하지는 않는다. 전문가로 불리기 시작하는 그 시점에 다다르면 수익을 창출할 수 있지만, 그 이전에는 배가 고플 수 있다는 것을 기억해야 한다.

전문가의 영역은 완벽한 유일성이 아닌 중첩되고 수렴된다. 전문가의 영역은 다른 전문가들의 영역과 상당 부분이 중첩되어 있는데, 그것을 늘 자신의 영역으로 수렴시킬 수 있어야 한다. 그리하여 새로운 관점과 논점 그리고 이론을 생성한다. 하나의 사실을 재해석하고 시간과 존재에 따라 논점을 제시하고 그 과정에서 결론에 이를 수 있는 이론을 구축해야 한다.

그리고 두려워하지 않는다. 오랜 시간 동안 하나 혹은 몇 개에 주제에 집중하는 것은 힘들기보다는 두려운 일이 될 가능성이 크다. 생각하고 대화하고 쓰고 실천한다. 생각할 수 있지만 대화할 수 없고, 대화할 수 있지만 쓰지 못하고, 쓸 수 있지만 실천하지 못한다면 전문가가 될 수 없다.

또, 변화의 가능성을 이해한다. 10년간 하나의 주제에 몰두했으나 그것이 완벽히 잘못된 주제의 선택이었다는 것을 깨닫게 될 수 있다. 하지만 그러한 시간은 헛된 시간이 아니기에 변화에 가능성을 염두에 두는 것이 필요하다.

전문가가 되는 방법을 잘 살펴보면, 인내와 도전정신이 수반된다는 것을 알 수 있다. 학문적 이론을 갖추는 일은 전문적 지식을 쌓는 것과 같다. 자신만의 당당한 영역을 만들어 몰두할 수 있기 위해서 학문적 이론은 필수적이다. 학문적 이론을 닦는 것은 전문성뿐만 아니라 사고를 논리적으로 정연하게 이끌어 준다. 체계적이고 논리적인 사고는 듣는 사람에게 지식을 줄 뿐만 아니라 다양한 상식을 전해 줄 수 있다. 또한 인생을 풍요롭게 하고 타인에게 인생의 따스함을 전할 수 있는 요소가 되기도 한다.

이 세상에는 잘난 사람들이 너무 많다. 잘난 사람들과 못난 사람들이 어울려 사는 것이 세상살이다. 이 세상을 끌어가는 것은 아무래도 잘난 사람들이다. 왜냐하면 이들은 오피니언 리더로서 또 사회의 상류계층으로서 지도자 역할을 충실히 해 나가고 있기 때문이다.

그러나 뒤늦게 사회에 적응한 사람일지라도 기회는 많다. 틈새시장을 공략하는 것이다. 강한 자들 틈바구니에서 약자들도 할 일이 많다. 그래서 강자와 약자의 구분은 인생을 마칠 때까지는 구분할 수 없다. 우리나라 교육 풍토상 명문대학이나 특정학과 진학이라는 단편적인 성공이 평생을 좌우한다는 잘못된 인식은 분명 자본주의의 폐해이므로 이를 해소하기 위한 사회적 분위기의 개선이 필요하며, 개인들의 사고방식을 바꾸는 작업을 통해 나이 들어서도 할 수 있는 일을 찾고 노력하면 분명히 새로운 강자로 대두될 수 있다.

학문적 이론은 일반적으로 전문성을 말하지만, 인생은 전문성만 가지고 살아가는 것이 아니라 보편적인 상식으로도 살아갈 수 있다. 이 세상에 나와 있는 서적은 한 사람이 평생 동안 읽기에 모자라다. 또한 한 사람이 모든 분야의 책을 읽는다는 것은 불가능하며, 한 분야의 책에 대해 독파한다는 것도 불가능하다. 급변하는 세상 속에서 숨

돌릴 틈 없이 분주하게 많은 책들이 이 세상에 나온다. 앞으로 더욱 많은 책들이 이 세상에 나와 많은 독자들에게 선을 보일 것이다.

학문적 이론을 닦는 것은 다양한 분야의 서적을 접하는 일이다. 기회는 많다. 본인이 좋아하는 분야의 책을 읽고 기초능력이 갖추어지면 타 분야로 넓혀 가는 것이 중요하다. 많은 사람들이 먹고살기에 바빠 책을 본다는 것은 매우 힘든 일일지도 모른다. 그러나 책을 접하려고 노력하는 자세는 분명이 좋은 기회를 가져다줄 것이다.

책에는 세상의 진리가
모두 들어 있다, 다독하라

"아침에 진리(道)를 들어서 깨닫는다면, 저녁에 죽어도 좋다." [34]

– 공자(중국 사상가)

다독하라. 책을 많이 읽는 것은 다른 사람의 인생을 많이 배우는 것과 같다. 한 권의 책은 저자의 사상이나 생활습관, 태도, 인생관 등이 모두 함축되어 있는 인생의 축소판이다. 책속에는 내가 경험하지 못한 독특한 내용들이 담겨 있다. 인생은 유한하고 사람이 할 수 있는 일은 한정되어 있다. 짧은 인생을 긴 인생으로 바꿀 수 있는 길이 책 속에 있다.

교통수단이 발달하여 요즘엔 지구 어디든 여행하기가 좋아졌다. 직접 현지를 방문해 경험하는 것보다 좋은 것은 없다. 그러나 우리가

---

34 조문도석사가의(朝聞道夕死可矣)

책을 접하는 이유는 간접체험을 하기 위함이다. 사람이 살아가는 인생은 백 년이라는 시간적 한계가 있으므로 여행을 다닌다는 것 또한 시간적으로나 경제적으로 한계가 있다. 그런데 책 속에서 우리는 몇 천 년 이상도 살 수 있다.

수많은 사람들이 자신의 경험을 옮겨 놓아 책을 통해 그 사람의 경험과 생각을 한눈에 볼 수 있고, 내가 그 사람이 되어 그 지역을 여행하는 느낌을 받을 수 있다. 또한 유명한 사람들의 사상과 행동을 그대로 전수받을 수 있어 대통령이 되기도 하도 경제학자가 되기도 하며 대기업의 회장님이 되기노 한다.

책을 사는 비용은 직접 여행을 하는 것에 비할 바 아니며, 도서관을 통해 비용을 들이지 않고 책을 빌려 볼 수도 있어 경제적인 면에서 효과적이다. 우리는 책을 통해 타임머신을 타고 과거로 돌아갈 수도 있고 우주선을 타고 미래세계를 여행할 수도 있다. 다양한 지식 습득은 기회를 창출해 준다. 책을 바탕으로 얻은 지식을 강연이나 강의를 통해 또 다른 사람들에게 전해 줄 수도 있다.

우리 한국 사람들의 연평균 독서율은 문화체육관광부가 조사한 '2015년 국민 독서실태 조사' 결과에 따르면 성인 65.3%, 학생 94.9%인 것으로 나타나고 있다. 책을 읽는 한국인의 수는 오히려 점차 감소 추세를 보이고 있다. 문화체육관광부가 발표한 자료에 의하면, 지난해 우리나라 성인 독서율은 74.4%로서 성인 10명 중 3명은 일 년 동안 책을 한 권도 읽지 않았다고 한다. 세계적 통계자료로 볼 때 우리의 독서율은 스웨덴(85.7%)이나 덴마크(84.9%)에 비해서

낮고 프랑스(74.7%)의 독서율과 비슷하며, 일본(67.0%)이나 벨기에 (65.5%) 보다는 높은 것으로 나타났다.

책 읽는 습관이 장수하는 데 기여하는 원인을 몇 가지로 살펴보면, 독서는 스트레스 완화, 뇌의 활동과 인지능력의 증진 및 기억력 감퇴를 막아 주고 우울증 예방 효과가 크다고 한다. 실제로 영국 서섹스 (Sussex) 대학의 루이스(D. Lewis) 교수와 동료들은 실험 참가자들에게 스트레스를 가하고 음악 듣기, 산보, 차 마시기, 독서를 하게 한 후 심장박동 등 스트레스 완화 정도를 시험했다. 이 가운데 책 읽기 참가자들은 6분이 지나자 참가자의 68%에게서 스트레스 완화에 효과적이라고 측정되면서 독서가 스트레스 완화에 가장 효과가 크다는 결론을 내렸다.

그뿐만 아니라 독서는 뇌의 기능을 활발하게 해 주고 연상기능과 분석능력을 높여 준다. 즉, 책을 많이 읽으면 상대방의 감정과 의도를 잘 인지하게 되고 공감능력이 좋아져 마음이론(theory of mind)이 우수해진다는 것이다. 그 결과 사회성이 증진되고 감성이 풍부해진다.

그리고 어린이들에게 책을 읽어 주면 뇌의 후두엽이 활성화됨을 알 수 있다고 한다. 독서는 호기심과 기억력의 증진, 동기부여 및 역경 극복 능력(역경 극복지수) 향상에 기여한다. 책 읽는 습관은 성인들의 뇌 활동 또한 증진시킨다. 미국에서 300명의 참가자들을 대상으로 연구한 바에 의하면, 독서습관을 가진 사람들은 책을 읽지 않는 사람들에 비해 32%나 기억력 감퇴 억제 효과가 있었다.

그뿐만 아니라 성인들의 우울증 예방은 물론 공감능력을 높이는 효과와 치매 예방 효과가 있음이 증명되었다. 2001년 미국 학술지에 발표된 논문에 의하면, 독서나 퍼즐(puzzle) 풀기와 같은 지적활동을 계속하는 것이 치매예방에 매우 효과적이라 한다. 신체적인 운동이 신체 건강 유지에 필요한 것처럼 책 읽기와 같은 지적 활동이 뇌를 질병으로부터 지키는 데 크게 기여한다는 것이다.

이처럼 책 읽기는 삶의 올바른 방향을 제시할 뿐만 아니라 인성을 길러 주고 건강을 지키는 데 효과적이므로 좋은 책 읽는 습관은 어린아이부터 노년기에 이르기까지 모든 국민이 소중히 여겨야 할 꼭 필요한 좋은 습관이다.

03
전문 서적을 장기적으로 독파하라

전문 서적은 질 높은 생활을 영위하는 데 있어서 필수 무기다. 본인만의 분야를 개척하고, 기초를 탄탄히 하여 타인보다 우위에 서기 위한 방편이기도 하다. 여기에서 '전문'이라 함은 그 분야에서 숙달되어 다른 일보다 월등히 뛰어나게 수행할 수 있는 능력을 말한다.

인간은 누구나 자기가 좋아하는 분야가 있다. 자기가 좋아하는 분야에서 전문가가 되는 것이 반드시 대학을 나와야 하고, 석사나 박사 과정을 밟는 사람들만의 전유물은 아니다. 평생교육에서는 언제 어디서나 본인이 원하는 전문 서적을 쉽게 구할 수 있다. 하루에도 수백, 수천 권의 신서가 출판되어 나오고, 읽고 싶은 책은 인터넷을 통해 언제 어디서든 찾아 읽을 수 있다. 전문 서적을 읽는 것은 그 분야에 더욱 발전할 수 있는 가능성을 열어 두는 것이기에 틈나는 대로 읽기를 권한다. 전문 서적은 생활필수품이다.

전문가로 거듭나기 위한 시간은 보통 4년이 소요되기 때문에 대학이 4년제라 한다. 사회에 진출해서도 자신이 맡은 분야에서 활동은 지속된다. 이른바 직업전선에서 그동안 쌓아 온 전문지식을 활용해 자기계발과 생계유지를 위해 힘쓰는 것이다. 대부분 직업인들은 생계를 위해 일하는 것이지만, 생계와 자기계발이 병행된다면 더욱 좋은 일일 것이다. 전문지식을 잘 살려 직업에 활용한다는 것은 인생이 순항적으로 꽃피는 경우다.

독서를 하다 보면 전문 서적에 대한 탐독 욕구가 생기게 마련이다. 전문 서적은 특히 자신이 근무하는 직장의 맡은 업무에 따라 필요성이 증가된다. 사실 전문 서적과 관련 서적은 다르다. 전문 서적은 평생 본인이 꿈꾸고 있는 분야에 대한 지식을 위한 것이고, 관련 서적은 현재 직장에서 맡고 있는 업무를 보다 더 잘 파악하기 위해 탐독하는 일이다.

보통 연찬이라고 부르는데, 직장 생활을 편안하게 하기 위해서 연찬작업은 필수적이다. 왜냐하면 본인이 맡고 있는 업무에 대해 다른 사람보다 많이 알고 있을 때 일이 한결 수월해지기 때문이다. 대화에서도 상대방보다 한 단계 위에서 진행할 수 있다. 물론 자신의 적성에 맞는 업무를 수행하면서 전문 서적을 볼 수 있다면 더욱 좋은 일일 것이다. 전문 서적이든 관련 서적이든 한 분야에 대해 깊이 아는 것은 인생에서 큰 힘이 되는 것이 사실이다.

현대사회에서는 전문인을 원한다. 한 가지 분야에서 뛰어난 전문가가 되길 원하는가? 그렇다면 전문 서적을 찾아서 많이 읽어라. 대학 시절에 전공 분야를 섭렵하지 못했다면 지금이라도 늦지 않았다. 인터넷 검색이나 관련 사이트에 들어가 자료를 찾고 자료를 출력해 전문 기술을 연마하라. 처음 시작한다면 최소 4년 이상 그 분야에 투자하라. 고통이 따르겠지만 그 과정을 지나면 분명 달콤한 결과를 얻을 수 있을 것이다.

우리들은 보통 인생을 살아가면서 저마다의 전문 분야를 하나씩 가지게 된다. 이 전문분야를 개척하는 데도 평생이 걸린다. 어릴 적 보통 서너 개의 전문분야를 꿈꾸는데, 여러 가지 상황에 맞춰 하나의 길로 접어들게 된다.

우리는 마음만 먹으면 독서를 통해 충분히 새로운 전문 분야를 개척할 수 있다. 대표적인 사람으로 안철수 전 국민의당 대표를 들 수 있다. 그는 서울대 의대를 전공한 사람이었지만 상황이 바뀌어 컴퓨터 백신을 개발했고 책을 쓰는 작가로도 변신했으며, 최근에는 정치에 발을 들여 놓아 정치인으로 새로운 전문 분야를 개척한 사람이다. 내게 맞지 않은 길을 가고 있다면 새로운 마음으로 새로운 전문 분야에 도전하는 것도 참으로 멋진 일일 것이다.

독자 여러분이 갑자기 어느 분야의 서적을 읽고 싶다면 망설이지 말고 인터넷 바다로 유희를 떠나라. 그다음 마음에 드는 서적을 바로 구입해 궁금증을 해소하라. 전문 서적에는 인간의 삶이 담겨 있다. 인생의 축소판이다. 전문 서적을 읽을 시간을 안분하는 것도 반드시 필요한 작업일 것이다. 새로운 분야를 개척하는 기분, 알아 가는 즐거움은 여러분의 인생을 값지게 만들어 줄 것이다.

04
독서는 정신을 안정시키고
머리를 맑게 한다

"책은 청년에게는 음식이 되고, 노인에게는 오락이 된다. 부자일 때는 지식
이 되고, 고통스러울 때는 위안이 된다."

– 키케로

옛 선인들은 정신적 수양의 제일로 독서를 꼽았다. 독서의 장점은 다른 사람의 인생 경험을 한눈에 볼 수 있고, 타인의 생각을 읽을 수 있다는 점이다. 책은 많이 읽는 것도 좋지만, 사람의 취향과 수준에 맞는 책을 선택해 읽는 것도 대단히 중요하다.

독서는 명상과도 관련이 있다. 명상은 현재의 움직임을 최소화하고 모든 일을 잊고자 하는 과정이다. 흥분된 상태를 정지 상태로 몰아가는 것이다. 독서도 마찬가지다. 잡념을 떨치고 한 가지 일에 몰두함으로써 움직임의 영역을 최소화하는 것이다. 움직임이 적어지면 안정 상태로 접어든다. 명상에 돌입하면 마음이 안정되고 머리가 맑아지듯이 독서삼매경에 들어가게 되면 마음이 고요한 상태로 된다.

마음이 들떠 있거나 혼란스러운 일이 있을 때 자신이 좋아하는 분야의 책을 읽어라. 30분 정도 책을 읽으면 마음이 차분하게 가라앉고 정신도 맑아질 것이다. 부부싸움이 시작됐을 때 그 상황을 피하고 싶은데 밖으로 나가거나 피할 수 없다면 방에 들어가 독서 방법을 활용해 보라. 분명 효과가 있을 것이다. 부부싸움이라는 것은 감정이 격화되어 있을 뿐만 아니라 정신적, 마음의 상태가 불안함을 의미한다.

독서의 종류로는 보통 다독, 정독, 속독 등을 꼽는다. 이 가운데 저자가 권하는 방법은 정독이다. 다독과 속독은 상호연관성이 있다. 다독을 하기 위해서는 속독을 할 수밖에 없다. 책을 빨리 읽어야 많은 책을 읽을 수 있기 때문이다.

여기 재미있는 실험 결과가 있다. 공부를 잘하는 학생과 성적이 다소 떨어지는 학생의 책읽기 평가에서 누가 더 많이 스트레스를 받을까? 공부를 잘하는 학생이 스트레스를 덜 받는다고 한다. 그 이유는 공부를 잘한다는 의미는 글의 해독력과 이해력이 빠르다는 것이므로 스트레스에 빠질 가능성이 적어진다는 것이다.

이러한 측면에서 저자가 정독을 권하는 것은 문장을 정확히 이해함으로써 마음의 안정을 가져온다는 사실 때문이다. 속독은 순간적인 이해로 머릿속에 오래 남아 있을 확률이 적다. 그러나 정독은 지식을 쌓는 데 큰 도움이 된다. 정독은 암기를 할 정도가 아닌 스트레스를 받지 않을 정도의 적당한 집중도를 필요로 한다. 책 읽기를 통해 재미가 느껴진다면 그 정도 수준의 속도가 알맞다고 할 수 있다.

책 읽기의 좋은 점을 강조한 대표적인 글귀는 '학이시습지이면 불역열호'[35]라는 것이다. '때때로 익히고 배우면 그 아니 기쁘지 아니한가'라는 뜻으로, 책읽기의 즐거움을 표현한 말이다. 책 읽기는 즐거울 뿐만 아니라 여러 방면으로도 얽혀 있어 그 효능이 매우 뛰어나다고 볼 수 있다. 마음의 안정을 얻고 지식을 습득하며 대화의 방법을 터득하는 등 실로 다양하다.

시드니 스미스(Sydney Smith)는 "책을 읽을 때 당신은 최고의 친구와 함께하는 것이다."[36]라고 했고, 프랭클린은 "독서는 정신적으로 충실한 사람을 만든다. 사색은 사려 깊은 사람을 만든다. 그리고 논술은 확실한 사람을 만든다."고 했으며, 랄프 왈도 에머슨(Ralph Waldo Emerson)은 "최상의 문명사회에서 독서는 여전히 최상의 기쁨이다. 독서의 만족감을 아는 사람은 불행에 맞설 원천을 공급받는 것이다."고 말했다. 또한, 리차드 스틸(Sir Richard Steele)은 "독서가 정신에 미치는 영향은 운동이 신체에 미치는 효과와 같다."[37]고 강조

---

35 논어(論語)의 유명한 첫 구절. '學而時習之 不亦說乎(배우고 때로 익히면 어찌 기쁘지 않겠는가)' 남송(南宋, 1127~1279)의 대유학자(大儒學者)로서 송나라의 이학(理學)을 대성한 주자(朱子:朱熹)의 『주문공문집(朱文公文集)』「권학문(勸學文)」에 나오는 시의 첫 구절.
　　소년은 늙기 쉬우나 학문을 이루기는 어렵다
　　少年易老 學難成(소년이로 학난성)
　　순간순간의 세월을 헛되이 보내지 마라
　　一寸光陰 不可輕(일촌광음 불가경)
　　연못가의 봄풀이 채 꿈도 깨기 전에
　　未覺池塘 春草夢(미각지당 춘초몽)
　　계단 앞 오동나무 잎이 가을을 알린다
　　階前梧葉 已秋聲(계전오엽 이추성)

36 "Live always in the best company when you read."(원문)
37 "Reading is to the mind what exercise is to the body."(원문)

했다.

　독서는 마음의 병을 치유하는 명약이며 보약이다. 자! 독서삼매경
으로 한번 빠져 들어가 보자.

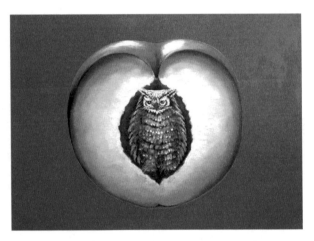

크기 120 * 90 복숭아와 부엉이 acrylic gouache, 2017년

05
아침에 신문을
읽어라

"만일 사람들이 신문을 더 읽으면 그제야 세상에 대해서 뭔가 경험할 수 있다."

– 페터 투리니

신문을 읽는 방법은 젊은 층과 중장년층이 다르다. 젊은 층은 인터넷을 통한 e-book에 강하며, 중장년층은 활자를 통한 지면 신문을 선호한다. 2011년 12월 15일 발표한 '2011년 사회조사 결과'에 따르면 인터넷신문을 보는 사람이 77.9%, 종이신문을 보는 사람이 67.8%로 나타났다. 인터넷신문이 종이신문을 앞지른 셈이다.

그러나 이것은 수치에 불과하다. 물론 객관적으로 봤을 때는 인터넷신문이 우위를 차지하고 있긴 하지만, 모든 사람들이 굳이 한쪽만을 고집하리라는 보장은 없다. 상황에 따라서 인터넷신문이 종이신문을 대체하는 경우도 있고, 그 반대일 수도 있다. 게다가 두 신문이 가진 장단점이 각각 다르기 때문에 섣불리 판단하긴 이르다. 아직까지는 두 매체가 서로 보완하며 관계를 유지할 필요가 있다. 그러고 나서 독자의 선택을 기다리면 된다.

한편, 독자들은 이 두 매체의 특성을 알아보고 자신에게 맞는 신문을 선택하면 될 것이다. 인터넷 신문의 가장 큰 장점은 신속성이다. 사건이 발생하면 인쇄나 신문 배부와 같은 방법이 필요 없이 바로 편집해서 인터넷에 올리면 된다. 그렇기 때문에 사람들은 아침을 제외하고는 대부분 인터넷 신문을 통해서 정보를 확인한다.

또한 각 신문사들은 신문을 만들고 홍보하는 데 종이신문에 비해 비용이 덜 들어 좀 더 많은 사람들이 기회를 가지고 기사를 제작할 수 있다. 프레시안이나 오마이뉴스, 뉴데일리 등이 대표적인 예이다. 이런 종류의 신문사들은 종이 신문에 비해서 적은 비용으로도 사람들에게 많은 정보를 제공해 준다.

하지만 인터넷 신문의 가장 큰 단점은 기사에 대한 정확성이다. 각각 다른 주제의 여러 신문기사 앞에 '최근 한 온라인 커뮤니티 게시판에는'라는 말이 붙어 있는 경우를 종종 볼 수 있다. 이를 보고 사람들은 '최근 한 온라인 커뮤니티 게시판에는'이라는 말만 붙이면 자신도 기자가 될 수 있겠다면서 인터넷 신문 기사를 비웃기도 했다.

그뿐만 아니라 종이 신문과 비교해 보았을 때 길이 면에서나 내용 면에서나 인터넷 신문은 비교가 되지 않는다. 결국 인터넷 신문은 기사를 장난으로 쓴다는 결론이 독자들 사이에서 나올 수밖에 없게 되는 것이다.

또한 인터넷 기사 옆에 붙은 광고 또한 인터넷 신문의 질을 낮추고 있다. 인터넷 신문 홈페이지에 들어가 기사를 클릭해 보면 화면에 기사 빼고는 모두 광고로 도배되어 있음을 볼 수 있다. 게다가 남녀노소 누구나 접할 기회가 있는 홈페이지임에도 불구하고 19금 광고가 많아 어린애들에게도 굉장히 위험할 수 있다.

종이신문의 최대 장점은 아마 정확성과 양질일 것이다. 하루 동안 제작하고 편집한 다음 심사숙고하여 나오는 신문이기 때문에 굉장히 신중성이 있으며 정확한 정보력도 지닌다.

하지만 종이신문과 인터넷신문을 비교해 보았을 때 분명한 차이점이 있다. 일단 첫 번째는 신속성일 것이다. 매일매일 정해진 시간에 나오는 종이신문은 순간순간 바로 나오는 인터넷 신문의 속도를 따라잡을 수 없을 것이다. 또한 보기에 굉장히 딱딱하고 어렵게 보이기 때문에 읽는 사람이 줄어들고 있다. 글자 수도 작을뿐더러 색깔도 칙칙하고 어둡기 때문에 처음 접하는 사람으로서는 좀 불편하다. 또한 제작하는 과정에도 비용이 비교적 많이 들어가기 때문에 평범한 사람들은 만들 엄두도 내지 못한다.

이렇게 차이점이 있는 만큼 독자층의 연령대나 성별도 다를 것이다. 하지만 만약 두 신문이 적절히 조화를 이루어 각각의 단점을 보완해 준다면 기존의 신문에서 더욱더 독자들이 만족하고 선호하는 신문을 만들어 갈 수 있을 것이다.

아침에 신문을 읽을 시간을 확보하기 위해서는 규칙적이고 계획적인 생활이 필요하다. 아침에 일어나 샤워를 마친 후 현관에 나가 신문을 가져오는 시간은 참으로 행복하다. 아침 신문을 읽기에는 오전 6

시 정도가 적당한 것 같다. 오전 5시30분에 알람을 맞추고 알람소리에 기상을 해서 1~2분 정도 정신과 몸을 깨우는 스트레칭을 한 뒤 욕실로 들어가 하루의 일과를 시작하는 것이다.

면도를 하고 쏟아지는 물줄기에 온몸을 깨운 뒤 몸을 완전히 말린후 책상에 조용히 앉으면 거의 오전 6시가 된다. 신문 헤드라인 뉴스가 눈에 들어오면 편안함을 느낄 수 있다. 신문 종류는 독자의 취향에 따라 선택하면 되고, 1면부터 차분하게 읽어 나가면 세상의 진리들이 활자 속에 묻어 나온다. 급격히 돌아가는 세상이 한눈에 펼쳐지는 환희를 느낄 수 있을 것이다.

종이신문은 넘쳐나는 정보를 아주 편안하게 접할 수 있는 최고의 기회를 제공해 준다. 전문지식에서 상식에 이르기까지 신문에는 모든 정보가 가득 차 있다. 1시간 정도면 신문 전반을 훑어볼 수 있고, 더 세세히 읽을 부분은 하루의 일과를 마친 후 다시 한 번 볼 수 있는 기회가 있다. 신문은 세태를 반영하기 때문에 그날그날의 뉴스로 족하다.

아침에 신문을 읽고 출근하면 상식으로 무장하고 있기 때문에 웬만한 대화에 낄 수 있고 아는 체할 수 있다. 물론 아는 체하기 위해 신문을 읽는 것은 아니지만, 다른 사람보다 뉴스를 먼저 접하고 있다는 자부심은 자신감을 느끼기에 충분하다. 신문의 취향에 따라 독자가 가지고 있는 기본적인 사상을 접목할 수 있고 비판적인 생각을 고취할 수 있다.

새롭고 신선한 정보의 바다를 여행할 수 있는 신문과 함께 활력 있는 아침을 맞이해 보자. 하루 종일 행복을 느낄 수 있을 것이다.

06
자격증을
따라

"내 비장의 무기는 아직 손 안에 있다. 그것은 희망이다."

– 나폴레옹

자격증은 비장의 무기다. 자격증은 누구나 가지고 있는 것이 아니라, 그 분야에 관심이 많은 사람에게 주어지는 것이다. 자격증을 가짐으로써 나의 재능과 끼를 발견하고 발전시킬 수 있으며, 보다 전문가로 성장할 수 있는 발판을 마련할 수 있다.

　나폴레옹은 "내 사전에 불가능은 없다. 사람은 그가 입은 제복대로 사람이 된다. 1퍼센트의 가능성 그것이 나의 길이다. 역사를 지배한 것은 항상 승리의 법칙이었다."라 했다. 이 명언은 긍정의 메시지요, 미래를 향한 희망의 메시지다. 자격증을 보유하는 것은 희망이며 전문적 지식에 해당하는 것이며, 여기에다가 소통에 필요한 '언어적 능력'을 갖춘다면 금상첨화일 것이다. 가령, 술에 관한 전문 자격증을 보유하고 있다면 프랑스나 독일 등 어느 나라를 가더라도 자격증이 더욱 그 빛을 발할 것이다.

자격증이란 궁극적으로 내가 잘할 수 있고 무엇을 하고 싶어 하는 지에 대한 정확한 진단, 즉 자기 정체성의 새로운 발견이라고 할 수 있다. 자격증을 따는 것은 새로운 목표를 설정하는 것이다. 자격증을 따는 것도 중요하지만 자격증을 따기 위해 그 분야에 관심을 가지고 탐구해 가는 과정이 더 중요하다.

자격증을 취득하면 그 분야에 종사할 확률이 높아진다. 우리나라에 존재하는 자격증의 종류는 100여 종에 이른다고 한다. 젊은 나이에는 그 직업에 종사하기 위해 취득하는 것으로서 자격증이라기보다는 직업으로 삼기 위한 발판이라고 볼 수 있겠다. 대표적인 것이 우리나라에 광풍이 불 정도로 보편화되어 있는 공무원으로, 많은 사람들이 공무원 합격률을 높이기 위해 가산점이 적용되는 자격증에 도전하고 있다.

보통 자격증의 종류를 열거하면 심리상담사, 창의력 사고 지도사, 생명 과학 지도사, 스마트교육 지도사, 직업상담사, 주택관리사, 일반행정사, 쿠키클레이 지도사, 멘사셀렉트 게임 지도사, 독서논술 지도사, 방과 후 지도사, 보드게임 지도사, 아이패드교육 지도사, 클레이공예 지도사, 방과 후 생태탐구 지도사, 멘사두뇌게임 지도사, 군무원, 우드아트공예 지도사, 사회복지사, 보육교사, 연예인관리사, 공인중개사, 농촌 지도사, 초벌번역가, 환자 지도사 등 60여 종이 있다.

대개 일반 기업체에서는 50대 중반에, 공기업이나 공직에서는 60대에 정년을 맞는다. 정년을 맞은 후 제2의 인생을 설계하는 것은 너무 늦다. 은퇴 전 미리미리 준비하는 작업이 필요하다. 최소한 정년을 앞둔 4~5년 전부터는 새로운 인생을 설계하기 위한 작업에 돌입해야 한다. 대표적인 것이 자격증 취득이다.

　건설, 토목, 전기, 전자 등 이과 분야에 종사했던 사람들이야 기존 자격증과 경험으로 은퇴 후 걱정이 덜하겠지만, 일반 서비스 업종이나 사무직에 종사했던 사람들은 새로운 직업을 얻기가 매우 어렵다. 그래서 손쉽게 창업할 수 있는 직종을 선택해야 하는데, 공인중개사나 법무사 등이 노려 볼 만한 직업이다. 이들 직업의 경우 기본적으로 사무실 임대에 필요한 자본금만 있으면 나머지는 본인의 능력에 달려 있다. 그리고 법무사의 경우, 공인중개사보다 시간과 노력이 많이 필요하지만 그래도 도전해 볼 가치가 있다.

　직장 생활을 하는 동안 배우자와의 관계도 매우 긴밀한 관계가 있다. 은퇴 후 집에서 마주치는 시간이 많아질수록 부부관계가 악화될 가능성이 많기 때문에 새로운 직업 공간에서 일을 함으로써 상호 부딪치는 공간을 최소화할 수 있다.

　또한 새로운 직업에 몰두함으로써 인생의 활력소가 생기고 새롭게 맞이하는 직업에서 만족감을 느낄 수 있다. 자격증을 따기 위해 공부하는 과목들은 인간생활을 살아가는 데 있어 매우 필요할 뿐만 아니라 전문적 지식을 쌓게 해 줌으로 일석이조의 효과가 있다. 자격증 따기에 몰두해야 하는 이유다.

저자의 경우, 시간이 되는대로 여러 번 시도해 보았지만 아직까지 자격증 취득에는 실패했다. 그러나 공부하는 시간이 좋아서 지속적으로 도전하고 있다. 새롭게 터득하는 전문용어나 지식도 업무에서 많은 도움을 받고 있다. 공인중개사의 과목은 민법, 공법, 부동산법, 세법, 지적법 등 일상생활에서 쓰고 있는 것들이기에 공부하기를 권한다. 자격증을 하나둘씩 취득해 나가는 과정도 큰 기쁨을 줄 것이다.

07

자신만의 공간을
만들어라

"미래를 위해 무엇을 해야 한다는 것은 결코 알 수 없는 일이다. 그래서 인생
은 멋진 것이다."

– 톨스토이[38]

자신만의 공간을 만들기 위한 작업은 정년이 다가오기 전에 미리 준
비되어 있어야 한다. 자신만의 공간은 휴식을 취할 수 있는 사무실의
확보가 될 것이다. 사무실을 확보하기 위해서는 우선적으로 토지를
매입해 놓고 어떤 방식으로 사무실을 꾸밀 것인가를 끊임없이 고민하
고 생각해야 한다. 자신만의 휴식 공간은 제2의 인생을 펼칠 새로운
공간이기 때문이다.

보통 제2의 인생은 60세 전후가 될 것이다. 사기업체인 경우에는

---

38 톨스토이(Lev Nikolayevin,Graf Tolstoy,1829~1910)는 러시아의 대문호로,『전쟁과 평화』,『안나 카레니
나』 등의 명저를 남겼다.

50대 중반이나 50대 후반일 수도 있지만, 공무원인 경우 60세 정도에 퇴직한다. 지금껏 직장에서 생활하다가 집이라는 공간에 24시간 아내와 있다 보면 부닥치게 되는 경우가 다반사일뿐더러 게으름을 떨치기 위해서라든가 직장의 연장선에서 단절됨이 없도록 하기 위해서라도 나만의 공간이 필요하다.

새로운 사람들과의 만남을 위한 장소를 생각하며 주말이나 휴일을 이용해서 내게 맞는 토지를 매입하는 작전을 펴 보자. 농촌 지역에는 아직도 값이 저렴하고 쓸 만한 땅들이 많기 때문에 사무실을 건축하기 위한 토지는 맘만 먹으면 얼마든지 매입할 수 있다. 물론 이러한 일련의 행위에는 발품을 팔아야 한다는 선행 조건이 따른다. 보통은 독자의 학창 시절을 보냈던 고향이나 그 근방이 될 것이다.

은퇴하기 전 미리 토지를 매입해 놓으면 심리적으로 편안함을 느낄 수 있을뿐더러 세상 부러울 것 없는 안정적인 마음이 들 것이다. 따라서 우선 사무실을 지을 수 있는 토지를 매입하라. 이것이 인생 제2막을 위한 제1단계다. 그 이후 지속적인 생각을 통해 활용도를 구상할 수도 있고 퇴직 후 무엇을 할 것인가를 결정할 수 있는 든든한 토대 기반이 토지 매입인 것이다. 자신만의 사무실 공간은 퇴직 후 전원주택 생활과도 맞먹을 만큼 매우 중요한 가치를 가지고 있다.

인간은 때로 혼자 있고 싶을 때가 있다. 그러므로 가끔씩은 혼자만의 휴식을 위한 공간이 필요하다. 휴식은 하던 행동을 잠시 멈추고 쉬는 행동을 말한다. 홀로 남겨진 공간에서 인생을 돌아보고 앞으로 남은 인생을 어떻게 마무리할지 반성의 시간도 가져 볼 수 있다.

자기만의 공간은 주어진 환경에 따라 다르겠지만 누구나 충분히 공간을 마련할 수 있다. 인간은 자연에서 태어났기 때문에 대다수 사람들은 은퇴 후 자연을 벗 삼아 쉴 수 있는 공간을 찾기 마련이다. 물론 사람에 따라 휴식 공간을 아파트나 연립주택으로 할 수도 있겠지만, 보통은 시골(도시에 반대되는 의미)을 선호한다. 평생 다람쥐 쳇바퀴처럼 살아왔던 세월들에서 벗어나 휴식을 취할 수 있기 때문이다.

노후의 휴식은 결국 편안한 죽음, 안락한 생의 마감으로 이어진다. 노후의 행복한 삶을 위한 자신만의 공간이 필요한 이유다. 자신만의 공간에서 노후의 행복을 설계할 수 있다. 여행이나 취미생활은 물론 자신만의 농사, 부동산 투자, 인터넷 여행 등 자산의 증대와 즐거움을 디자인할 수 있는 다양한 방법들이다. 자신만의 공간이 있을 때 다른 사람의 간섭을 받지 않고 남은 인생을 멋지게 살아갈 수 있는 것이다.

60부터 제2인생을 영위하기 시작할 때 최소 20년간은 보장받을 수 있다. 80이 넘어서 할 수 있는 일은 드물기에 향후 20년을 위한 공간으로서 반드시 필요하다. 심상준 박사는 자신의 저서 『노후를 디자인하라』에서 행복한 노후의 삶을 보장받기 위해서 '자신의 행복을 위한 일자리'와 '부동산 투자를 통한 여유생활'을 권장한다. 위에서 저자가 언급한 것과 거의 일맥상통한다.

우리의 생은 한정적이기에 은퇴 후의 인생을 새롭게 설계해야 한다. 인생을 90세로 가정했을 때 은퇴 후의 인생은 3분의 1 정도밖에 남지 않았기 때문에 20년이라는 기간을 더욱 섬세하게 계획해야 한다. 무작정 시간을 허비하는 것보다 어리석은 일은 없다.

그런데 자신의 공간을 마련할 여유 자금이 없다면 어떻게 할 것인가? 빚을 내는 일은 절대로 안 된다. 노후에 경제적인 비용으로 고통을 받아서는 안 된다. 반듯한 사무실을 낼 수 있는 토지를 매입했다면 더할 나위 없겠지만, 다른 방법이 있다. 맹지를 활용하는 것이다. 토지 중에서도 전, 답을 사서 컨테이너(요즘은 이동식 주택도 상당히 잘 나온다)를 갖다 놓고 생활해도 무난하다. 물론, 사무실로 사용하면서 사업을 한다면 다른 방법을 고려해야겠지만.

자신의 공산 마련을 위한 맹지 매입 전략은 큰돈을 들이지 않고도 얼마든지 가능하다. 독자 여러분, 지금 당장 토지 매입 전략에 나서 보자.

PART 7

꿈의 반란

01
경청하라,
이야기를 이어 가라

"최고의 대화술은 듣는 것이다."

– 스테판 M. 폴란

레스 기불린의 현명한 경청법 7가지를 소개하면 "첫째, 자신이 말에 집중할 수 있도록 상대의 얼굴을 바라봐라. 둘째, 적절한 반응을 통해 상대의 말에 깊은 관심을 가져라. 셋째, 상대 방향으로 몸을 약간 기울여라. 넷째, 잘 듣고 있다는 표시로 가끔씩 상대에게 질문하라. 다섯째, 상대가 말을 다 마칠 때까지 끼어들거나 말을 자르지 마라. 여섯째, 이야기가 끝날 때까지 상대말의 주제에 고정하라. 일곱째, 상대가 말한 것을 요약해서 들려줘라."이다.

경청을 강조한 대표적인 사람으로 카네기는 "다른 사람의 이야기를 진지하게 들어 주는 경청의 자세는 우리가 다른 사람에게 나타내 보일 수 있는 최고의 찬사 가운데 하나다."라고 했고, 딘 러스트는 "상대를 설득할 수 있는 최선의 방법은 그의 주장에 귀 기울여 주는 것"이라 했으며, 베리 케이 애쉬는 "충분히 오래 들으면 상대방은 대개 좋은 해결책을 알려 주게 마련"이라고 경청의 중요성을 강조했다.

현명한 사람은 타인의 이야기를 잘 듣는다. 이른바 경청을 잘한다. 타인의 말에 귀를 기울일 수 있다는 것은 타인의 모든 것에 대해 알려는 자세를 갖추었다는 것이다. 대화를 하다 보면 자신의 말을 일방적으로 이끌어 가는 사람이 있다. 듣는 사람의 입장을 전혀 고려하지 않는 것이다.

대화라는 것은 상호 신뢰를 바탕으로 한 상호 의사 교환을 의미한다. 이러한 일방적인 대화는 대화의 원칙을 벗어난다. 일방적 대화를 하려면 아예 강의를 듣는 편이 낫다. 적당한 시간을 안배하는 것이 대화의 기술이다. 상대방의 입장에서 대화를 하라. 한 사람이 끌어가는 대화는 5분을 넘겨서는 안 된다. 5분이 경과하면 듣는 사람도 지루할 뿐만 아니라 상대방의 기분을 상하게 만들 수 있기 때문이다.

적당한 선에서 상대방이 말을 이어 받을 수 있도록 분위기를 만들어 주어야 한다. 대화는 상호 감정의 교류다. 내가 할 말만 하고 상대방에게 말을 기회를 주지 않는 것은 훈계나 지시와 같고, 일방적으로 이야기의 결말을 내리는 일은 대화를 중단하고 싶다는 의사표현과도 같다.

대화의 기술 중 가장 중요한 것은 말이 끊어지지 않도록 하는 것이다. 말의 연결고리를 상대방에게 전달할 수 있도록 충분한 공간을 제공하라. 일단 상대방이 하는 말에 귀를 열고 요점과 상대방이 말하고

자 하는 의도나 뜻이 무엇인지 파악하는 것이 중요하다.

상대방의 말에 존경의 뜻을 담아 수용하려는 적극적인 자세가 필요하다. 따스한 눈빛으로 상대방의 얼굴을 응시하면서 가끔씩 고개를 끄덕인다거나 웃음을 보내는 것은 상대방에게 안도감을 주어 이야기를 편안하게 이끌어 갈 수 있도록 하는 방법이다.

이야기는 중구난방으로 하는 것보다는 논리적이고 상대방이 알 수 있는 쉬운 말로 하는 것이 필요하다. 말을 빙빙 돌려 듣는 이에게 불쾌감을 주는 경우도 비일비재하다. 대화를 하다 보면 그 사람의 됨됨이를 파악할 수 있어 인생에 관한 이야기를 함께 나눌 수 있는 상대인지를 알 수 있다.

대화는 충분한 시간을 가지고 전개하라. 상대방의 이야기를 다 들어 주기 위해서는 짧은 시간으로는 가능하지 않다. 시간이 짧다면 이야기하기에 충분한 시간이 가능한 날짜로 약속을 잡는 것이 낫다. 상대방의 말꼬리를 자르는 일은 좋지 않으나, 상대방이 지나치다면 말꼬리를 자를 수도 있다. 하지만 첫 만남에서 이렇게 하기보다는, 다음에 만나 이야기를 전개할지 여부는 만남의 시간을 마친 후 결정해도 늦지 않다.

경청은 조직사회에서 절대적으로 필요하다. 조직의 틀은 두 사람 이상이 모이면 반드시 형성되기 마련이다. 그래서 조직은 계급사회이기도 하다. 특히, 2016년 김영란 법이 발효된 지 1년이라는 세월이 흐른 지금, 우리 사회는 큰 변화를 맞고 있는 것 같다. 그중 술 문화에도 새로운 바람이 불고 있다. 「차 권하는 사회」와 현진건의 「술 권하는 사회」의 작품 비교를 통해 1920년대와 2017년은 어떻게 다른지 알아보는 것도 흥미진진한 이야깃거리일 것이다.

먼저 「차(茶) 권하는 사회」를 살펴보자. "그래도 못 알아듣네 그려. 참, 사람 기막혀. 본정신 가지고는 피를 토하고 죽든지, 물에 빠져 죽든지 하지, 하루라도 살 수가 없단 말이야. 흉장이 막혀서 못 산단 말이야. 에엣, 가슴 답답해."

다음은 1921년 『개벽』에 실린 현진건의 작품 「술 권하는 사회」의 일부분이다. 만취해서 돌아온 남편에게 아내는 술 권하는 사람들을 탓하는데, 남편은 술을 권하는 것은 다름 아닌 조선사회라고 쓴웃음을 짓는다.

우리는 매일 아침 직장에 출근하게 되면 동료나 선후배를 만나 반갑게 인사를 하고 따뜻한 커피를 나누면서 지난밤 일어났던 일들과 오늘 할 일 등 정담을 도란도란 나눈다. 따뜻한 동료애와 사회애로 승화될 수 있는 장면이 연출된다.

그런데, 가슴이 답답할 정도로 직장 생활이 꽉 막혀 있다면 동료들이나 상사들 모두가 반성해 보아야 할 일이다. 흉장이 막혀 있는 동료를 보면서 우리는 어떤 관심을 가지고 생활하는지 생각해 볼 일이다. 급속히 돌아가는 바쁜 현대 사회생활 속에서 살아가고 있다는 핑계로 자기중심적인 사고방식에 지배당한 채 타인에 대한 방관이 어느새 무관심으로 바뀌어 단지 형식적인 틀만이 존재하는 사회, 따스한 인간미가 상실되어 버린 사회가 아닌지 생각할 필요가 있다.

우리는 진정 아름다움을 꿈꾸어야 하지 않겠는가? 명예도 좋고 출세욕도 좋지만 본질적인 바탕은 과연 무엇일까? 현실의 고통을 잊기 위해 술로 씨름하고 달래는 동료나 상사가 있다면 우리는 어떻게 할 것인가? 단순히 상식적인 답을 얻을 수 있는 문제는 아닌 것 같다. 암울한 현실에 닥친 그네들의 이야기를 진지하게 들어 주고, 고통과 기쁨을 함께 나눌 수 있는 사회가 정답이다. 그래서 "茶(차) 권하는 사회"를 꿈꿀지도 모른다.

척박한 사회생활 속에서 청량제가 될 수 있는 매체는 과연 무엇일까? 우리는 대부분의 시간을 직장에서 생활하며 보낸다. 어떻게 보면 오히려 가정에서의 생활보다 더 많은 시간을 직장에서 보낼지도 모른다. 예를 들어 평일 오전 8시에 출근해서 오후 7시에 퇴근한다고 가정한다면, 직장에서 보내는 시간은 11시간이며, 집에서 보내는 시간은 오후 8시부터 11시까지 저녁 먹고 텔레비전 보고, 가족과 만나서 이야기 하는 시간 등을 합치면 3시간도 채 되지 않는다.

물론 그 이후 시간은 잠을 자고 그다음 날 아침에 일어나 아침 식사를 하고 출근한다면 직장 생활에 소비하는 시간의 절반도 되지 않는다. 우리가 직장 생활을 30년 지속한다고 계산한다면 365일에서 주말과 공휴일을 뺀 260일*11시간=2,860시간이라는 엄청난 시간임을 알 수 있다.동료에 대한 관심과 사랑이 무엇보다 필요한 이유다.

동료는 서로에게 이익이 되고 도움이 되는 대상이다. 출세욕이나 명예욕을 위해 바라보기보다는 서로에 대한 사랑과 관심으로 바라보아야 한다. 동료의 슬픔과 고통은 방치되어야 할 대상이 아니라 서로가 보살펴 주어야 하고 서로가 해결해 주어야 할 대상이며, 부단한 인내로서 양보하고 베풀어 주어야 할 대상이다.

이는 한 사람만의 힘으로 실현될 수 있는 것이 아니라, 조직 구성원 전체의 힘이 필요한 것이다. 물론 조직은 개인이 모여 이루어지는 것이다. 내가 먼저 인사하고, 내가 먼저 권하고, 내가 먼저 양보하고, 내가 먼저 배려하는 것들을 실천하는 길은 결코 멀리 있지 않다.

오늘도 고통과 상심으로 추운 겨울밤을 지새우며 취하고 또 취하는 군상들이 있을지 모른다. 이제 그만 적당히 마시고 자아를 찾길 바라는 마음이다.

아침에 직장 동료와 만나면 마음의 문을 활짝 열고 내가 먼저 웃으면서 차 한 잔을 권함이 어떨까? 독자 여러분들은 이미 경청과 대화의 의미를 터득했을 거란 바람이다.

02
파괴하라,
그리고 창조하라

"창조의 모든 행위는 파괴에서 시작된다."

– 피카소

'창조적 파괴'하면 생각나는 사람은 단연 조지프 슘페터[39]다. 그는 기업가 정신이 제대로 발휘될 수 있는 사회시스템이 매우 중요하고, 이를 실현할 수 있는 체제는 자본주의라고 했다.

청춘을 보내고 어느덧 중년으로 접어드는 40,50대에 이르니 자식들도 곁을 떠나고 왠지 모를 허전함이 밀려온다. 이 시기를 잘못 지내면 인생의 허무감, 우울감으로 고통받을 수 있다. 하지만 나이가 들어갈수록 육체적인 기능은 떨어질 수 있으나 정신적인 기능은 얼마든지 강화하고 진화시킬 수 있다고 본다.

---

39 조지프 슘페터(Joseph Alois Schumpeter, 1883~1950). 케인즈와 더불어 20세기 경제학의 양대 거두다.

우리는 평생 자기 뇌의 10%밖에 쓰지 않는다는 말을 흔히 하며, 아인슈타인은 그보다 5%를 더 썼다는 이야기를 한다. 우리 몸무게의 2%밖에 되지 않으면서 인체 산소의 20%나 소비할 만큼 할 일이 엄청나게 많은 뇌가 용량의 90%를 쓰지 않는다는 건 비상식적이다.

나이가 들면 육체적인 기능은 떨어지겠지만 정신적인 영역은 본인이 하기에 따라 계발할 수 있고 달라질 수 있을 것이라 생각한다. 물론 기억력 감퇴나 뇌기능이 다소 떨어지기는 하겠지만, 뇌를 많이 쓰면 쓸수록 이해의 폭은 넓어질 것이며 삶의 질은 더욱 향상될 것이다.

우리가 노후에 할 수 있는 일을 찾으면 얼마든지 있다. 전문직에서 평생 종사했다면 재능기부를 할 수 있을 것이고, 새로운 분야를 개척해 나갈 수 있는 방법도 있을 것이다. 사기업체는 대부분 50대에 퇴직을 하며, 공직은 60대에 퇴직을 한다. 제2의 인생을 시작하는 것은 단지 시간 차이뿐이다.

제2의 인생을 위해 당신은 언제부터 계획을 진행하고 있는가? 최소한 40대에 이르면 잠시 하던 일을 멈추고 '나'에 대해 곰곰이 생각할 시간을 내 스스로에게 주어야 한다. 무엇을 위해 내가 존재하는지, 가족을 위한 것인지 아니면 잘 먹고 잘살기 위한 것인지, 아마 다양한 생각들이 교차할 것이다.

나는 내 뇌의 몇 퍼센트를 쓰고 있을까. 과연 뇌의 활용도와 잠재력은 얼마나 될까. 이 문제를 처음 제기한 19세기 심리학자 윌리엄 제임스는 "보통 사람은 뇌의 10%를 사용하는데 천재는 15~20%를 사용한다."고 주장했다. 인류학자 마거릿 미드는 그 비율이 10%가 아니라 6%라고 수정했다. 90년대 와서는 1% 이하로, 최근에는 0.1%에 불과하다는 연구 결과도 있다.

그러나 이러한 주장을 뒷받침하는 근거는 매우 미약하다. 뇌의 모든 세포는 정신 및 인체활동에 관여하기 때문에 일부라도 소실될 경우 그에 해당하는 뇌기능이 정상적으로 작동할 수 없다. 따라서 일상적 활동을 하는 사람이 뇌 전체를 활용하지 못한다는 것은 말이 안 된다는 것이다. 또 크기가 몸무게의 2%밖에 되지 않으면서 산소 소비량은 20%에 이르는 뇌가 자기 용량의 대부분을 놀리고 있다는 것은 비상식적인 일이라는 지적이다.

뇌 생리학적 측면에서 인간이 뇌 용량의 90% 이상을 방치하고 있다는 과학적 근거를 댈 수 없는 것은 사실이다. 하지만 용량의 10%가 아니라 잠재력의 10%라고 하면 얘기가 달라진다. 예를 들어 최신형 휴대폰을 샀다고 치자. 카메라와 MP 기능에 300만 화소로 영화까지 볼 수 있는데 전화만 하고 다른 기능은 사용하지 않는다면? 용량은 100% 사용하고 있지만 기능면에서는 활용도가 극히 낮은 경우다.

우리의 뇌도 마찬가지다. 따라서 잠재된 기능을 더 활용할 수 있는 방안에 관심을 가질 필요가 있다. 신경과학의 최신 보고에 따르면, 뇌신경은 외부자극을 통해 성장·재생되며 이는 뇌의 상태가 환경과 훈련 정도에 따라 달라질 수 있다는 주장을 뒷받침한다.

중요한 것은 자기 능력에 한계를 긋지 말고 가능성에 대한 확신과 개발하려는 의지를 갖는 것이다. 확신과 의지만으로도 뇌의 숨은 감각들은 깨어날 준비를 한다. 여기에 이완과 집중력 훈련 같은 적절한

트레이닝을 하면 감각이 살아나 뇌의 정보처리능력을 업그레이드할 수 있다.

독자 여러분의 잠재능력은 무궁무진하다. 그동안 사용하지 않은 나의 뇌 본능을 어떻게 깨울 수 있으며 어떻게 활용도를 높일 수 있을까라는 고민이 독자 여러분에게 주어진 숙제다. 견고하게 드리워져 있는 어두운 장막 속에서 잠자고 있는 여러분의 뇌파를 파괴하라. 창조정신으로 목표를 향해 무한 질주하라.

명확한 꿈을 가지고
실행하라

"미래는 꿈의 아름다움을 믿는 사람들에게 주어진다."

– 엘리노어 루스벨트

스티븐 스필버그는 "나는 밤에 꿈꾸지 않고 하루 종일 꿈을 꾸며, 생계를 위해 꿈을 꾼다."고 했다. 직업 정신이 투철한 자신의 확고한 꿈에 대한 실현을 갈망한 표현이다.

존 맥스웰은 "인간의 95%는 자신의 인생 목표를 글로 기록한 적이 없고 글로 기록한 적이 있는 5%의 사람들 중 95%가 자신의 목표를 성취했다."며 명확한 꿈에 대한 설계를 가진 사람은 그 목표와 꿈을 위해 끊임없는 노력을 하게 되고, 결국에는 그 꿈에 다가간다고 설명했다.

또한 짐 론은 "목표에 정성을 쏟으면, 그 목표도 그 사람에게 정성을 쏟으며, 계획에 정성을 쏟으면 계획도 그 사람에게 정성을 쏟는다. 무엇이든 좋은 것을 만들어 내면 결국 그것이 그 사람을 만드는 법이다."라고 명확한 꿈의 필요성을 말했다.

게이트는 "절실히 원하는 것은 이루어지며, 당신의 마음속에 0순위는 반드시 이루어진다. 아직도 못 이뤄진 것은 0순위가 안 되었기 때문이다."고 명확한 목표를 설정할 것을 독자들에게 요구한다.

파울로 코엘류는 "목표에 다가갈수록 고난은 더욱 커지며, 처음에는 깨닫지 못했던 여러 문제가 선명하게 보이며, 이때가 바로 목표가 현실로 다가오는 시기다. 성취라는 것은 우리 곁으로 가까이 올수록 더 큰 고난을 숨기고 있으며, 꿈을 이루는 것을 불가능하게 만드는 유일한 한 가지가 바로 실패에 대한 두려움이다."라고 꿈을 향해 전진하는 실천력과 실행력을 주문한다.

프랭클린 코비사, 션 코비(Sean Covey) 부사장은 인생의 명확한 목표를 정하기 전에 반드시 4가지 점검사항으로 "첫째, 내가 가장 잘하는 재능을 무엇인가? 둘째, 내가 진심으로 하고 싶은 것은 무엇인가? 셋째, 우리사회가 원하는 것은 무엇인가? 넷째, 나에게 정의란 무엇인가? 노트에 적어보는 것이다."라고 했다.

강철왕 앤드류 카네기는 "나는 평생 동안 목표를 종이에 적고, 하루 두 번(기상 후, 취침 전) 종이에 쓴 목표를 큰 소리로 외친다."는 두 가지 원칙을 실천했다고 한다. 그 결과, 1주일에 1달러 20센트를 받던 면화공장 노동자에서 개인 재산만 4억 달러 넘게 소유한 거부로 성장하게 되었다.

하루의 계획, 일주일 계획, 월 계획, 연 계획이 확고하게 서 있는 사람은 세상을 한 걸음 앞서 나간다. 더불어 이를 실행에 옮기는 사람은 꿈을 이룰 가능성이 더욱 높아진다. 사실상 계획을 늘 가슴에 지니고 행동으로 옮기는 사람은 시간이 흐른 뒤 이를 수행했을 가능성이 높다.

보통 초등학교에 입학하면 학생지도시간을 통해 이루고 싶은 꿈과 닮고 싶은 인물에 대해 교사들은 길을 터 준다. 어릴 적부터 명확한 꿈을 가지고 있는 삶은 성공할 확률이 높아질 수밖에 없다. 명확한 꿈이란 '명확한 목표'라 달리 말할 수 있다.

1979년 하버드 경영대학원 새내기 MBA 학생들에게 "당신은 졸업 후 무엇을 할 것인가?"라는 물음을 던졌다. 3%의 학생은 뚜렷한 목표와 계획을 노트에 적었고, 13%의 학생은 목표는 있지만 그것을 종이에 기록하지는 않았으며, 나머지 84% 학생은 학교 졸업 후 자유스럽게 놀겠다는 것 외에는 특별한 계획이 없었다. 10년 후인 1989년, 연구자들은 그 질문에 응답했던 졸업생들과 다시 만나 인터뷰했다. 그 결과는 어떠했을까?

독자 여러분들도 한 번쯤 들어 봤을 마크 매코맥[40]의 『하버드 경영대학원에서도 가르쳐 주지 않는 것들(WHAT THEY DON'T TEACH YOU AT HARVARD BUSINESS SCHOOL)』이라는 책에 이 결과가 실렸다. 목표와 계획을 세웠던 13% 그룹은 별다른 목표가 없었던 84% 그룹보다 2배 이상 수입을 올리고 있었다. 분명한 목표를 종이에 기록

---

40 스포츠 마케팅의 선구자이며 세계적 매니지먼트 그룹 IMG의 설립자.

으로 남긴 3% 그룹은 나머지 97%의 졸업생보다 평균 10배 이상의 수입을 올리고 있었다는 사실이다.

경제적 수입 측면에서 바라본 관점이었지만, 다른 분야에서도 명확한 목표 설정이 있는 경우 확실한 결과로 보답하고 있다. 명확한 목표의 설정은 독자 여러분이 성취하고자 하는 꿈의 실현과 직결된다.

04

체력을
길러라

> "체력은 건강한 신체를 갖는 데 가장 중요한 요소 가운데 하나이며, 역동적
> 이고 창조적인 지적 활동의 기초가 된다."
>
> — 존.F.케네디

체력은 기력(氣力), 진력(盡力), 혈력(血力)의 3요소로 구성된 심력(心力)을 일컫는다. 체력에 관한 이야기가 가장 많이 회자되고 있는 영역은 스포츠 분야일 것이다. 기력은 정신적인 강인함의 강약을 나타내고, 진력은 일을 추진할 수 있는 끈기와 용기의 강약을 표현하며, 혈력은 건강한 혈관을 통한 신진대사로 병의 침입을 막아 낼 수 있는 잣대가 된다. 따라서 이 중 하나만 이상이 있어도 우리 몸은 병에 노출되거나 이상을 느끼게 되므로 세 가지는 항상 조화되고 협력적인 관계가 되어야 한다.

체력에 대해 대표적으로 카를로스는 "내가 비록 작지만 누구에게도 지지 않을 체력과 스피드가 있다."며 체력의 중요성을 강조했고, 토

머스 풀러는 "병에 걸리기 전까지 건강이 얼마나 중요한지 모른다."고 갈파했다. 또, 유베날리스는 "건강한 신체에 건강한 정신이 깃든다."며 체력의 중요성을 강조했다. 건강하지 않으면 이 세상에서 할 수 있는 일이 아무것도 없다.

비스마르크[41]는 "돈을 잃는 것은 조금 잃는 것이요, 명예를 잃는 것은 많이 잃는 것이요, 건강을 잃는 것은 모든 것을 잃는 것"이라 했다. 금은보화가 집 안에 가득하더라도 병들어 누워 있다면 인간으로서 할 수 있는 일은 그저 가느다란 숨소리밖에 낼 수 없다는 것이다. 음식을 조절하고, 평상시 적당한 운동으로 강인한 체력을 기르는 것이 대단히 중요한 일이다.

세계보건기구(WHO)는 "건강이란 신체적으로나 정신적으로나 혹은 사회적으로 완전히 양호한 존재 상태에 있는 것으로서 다만 질병이나 허약한 상태에 있지 않다는 것만은 아니다."라고 규정하고 있다. 따라서 건강은 개인적인 노력뿐만 아니라 사회의 협력이 함께 지원될 때 효과가 나타날 수 있다는 의미를 내포하고 있다. 개인의 건강 상태 유지는 물론 사회적으로 건강하지 못한 질병, 불결, 빈곤 등의 상태가 존재한다면 건강의 실현은 매우 힘들다는 것을 상기시켜 준다.

인간의 수명은 점차 늘어나고 있는 추세다. 조선 제4대 세종대왕 시대를 예를 들어 보더라도 그 당시 수명은 50대 정도였다. 보통 열

---

41 프로이센의 정치가이자, 독일제국의 초대총리.

두세 살에 혼인을 했던 것으로 볼 때 지금 서른 나이에 결혼을 한다고 가정한다면 18년 정도 일찍 혼례를 치루는 셈이니, 따지고 보면 지금의 수명은 당연한지도 모른다. 그 당시와 지금의 성인의 기준이 다름을 알 수 있다. 물론 의학의 발달로 인해 인간의 수명이 길어지고 있음은 부인할 수 없는 사실이다.

생명 연장은 음식물 섭취와도 관련이 있다. 채소 중심의 식단에서 육류 중심의 식탁 패턴으로 변함에 따라 인간의 육체는 커지고 건강상태도 양호해졌다고 볼 수 있다. 그러나 부작용도 있다. 육식의 과다 섭취에 따른 신진국병이 그렇다. 당뇨병, 비만, 혈관계통의 질병의 증가는 이른바 현대병으로 불린다.

옛날에는 운동을 일부러 하지 않아도 영양 부족으로 운동할 필요성을 느끼지 않았다. 하지만 지금은 돈을 주고 운동을 하는 시대가 됐다. 헬스장이나 본인이 선호하는 운동시설이 있는 곳에 다니면서 땀을 빼고 체중을 조절한다.

술 문화도 한몫했다. 산업사회의 거대화로 인해 회식문화가 자리잡은 가운데 술의 판로는 더욱 확대되었고, 술의 종류도 한층 많아졌다. 조선시대의 탁주(막걸리)로부터 소주, 양주, 맥주, 곡주, 포도주에 이르기까지 다양한 술을 맛볼 수 있는 기회가 많아진 것이다. 회식에서 많은 술을 마셔야 서로 잘 알 수 있다는 잘못된 인식으로 인해 폭주가 이어졌으며, 그로 인한 과로와 피로를 풀기 위한 수단이 발생했다. 숙취를 땀으로 빼기 위한 운동이 그렇다.

의료기관에서도 질병을 약으로만 치료하지 않고 운동을 늘 강조한다. 나이가 들수록 체력은 약해지므로 운동을 통한 자기관리에 한층 힘을 쏟아야 한다. 이처럼 개인의 건강 상태 유지는 전적으로 개인에게 달려 있다. 건강은 독자 여러분의 행복과 안녕의 근본이고 가정을 지키는 파수꾼이며 건강한 사회와 국가를 지탱하는 근본이다. 개인의 건강은 운동을 통한 체력, 풍부한 영양, 적당한 휴식의 3원칙을 지켜 나가는 일이 무엇보다 중요할 것이다.

05

매일 글을
써라

미국 소설가 레이 브래드버리는 "매일 글을 쓰고 미치도록 책을 읽은
다음 무슨 일이 일어나는지 살펴보라."며 글쓰기의 기적을 이야기한
다. 또, 조셉 퓰리처(Joseph Pulitzer)는 "짧게 써라, 그러면 읽을 것이
다. 명료하게 써라, 그러면 이해할 것이다. 그림같이 써라, 그러면
기억할 것이다. 무엇보다도 정확하게 써라, 그러면 빛에 의해 인도될
것이다."라는 글쓰기의 방법론을 제시한다.

　글을 쓰는 동안 자신의 생각을 정리할 시간을 가질 수 있다. 또, 글

---

42 James Patterson, 1947년 3월 22일 미국뉴욕출생. 스릴러 소설의 대가. "The Thomas Berryman
　 Number"로 1977년 데뷔. 미경제 전문매체 포브스가 공개한 2017년 세계최고 소득작가 2위(8700만달러)
　 에 올랐다.

을 씀으로써 생각을 논리화시켜 마음의 안정을 줄 수 있다. 글쓰기의 종류는 어느 것이라도 좋다. 일기를 쓰는 것도 좋고, 메모장을 이용해 기록하는 것도 좋다. 글쓰기는 일회성에 그쳐서는 안 된다. 시간 나는 대로 지속적으로 써야 글쓰기 능력이 향상된다.

글쓰기를 통해 우리들은 반성을 할 수 있고, 반성을 통해 현재의 위치와 미래의 방향을 설계할 수 있다. 또한 글쓰기를 통해 계획성을 키울 수 있으며, 자신이 쓴 글을 통해 성공도를 평가할 수 있다. 그리고 1년 후 자신이 계획한 성취도를 파악해 부족한 부분을 채우고 보다 나은 계획을 세울 수 있다.

글쓰기는 마음을 정화시켜 준다. 슬픈 이야기를 자신에게 말하고 기쁜 이야기를 회상하게 한다. 글쓰기의 기본은 일기다. 매일매일 하루에 있었던 일들을 일목요연하게 써 내려가는 글이 일기다. 물론 일기라고 해서 간단히 쓸 필요는 없다. 장문의 글을 쓸 수도 있다. 글을 잘 쓰려면 우선 책을 많이 읽어야 한다.

다음 글은 지난 2003년 2월 18일 대구지하철 1호선 중앙로역 구내에 진입한 전동차 안에서 방화로 인한 화재가 발생해 사망자 192명, 부상자 148명 등 340명의 사상자가 발생한 대형 참사를 보고 쓴 칼럼이다. 10여 년이 지난 현실에서도 인재는 지속적으로 발생하고 있다. 지금과 그 당시의 상황이 어떻게 다른지, 아니면 변함이 없는지 독자들의 판단을 기대하면서 옮겨 적어 본다.

대구 지하철 참사에 대한 글 - 나, 너 그리고 우리 :

대구에서 지하철방화로 인한 대규모의 참사가 빚어졌다. 한 사람의 실수로 인한 사고라고는 절대로 치부할 수 없는 상황에 울분을 참을 수 없다. 우리는 정권 말기에 매번 비슷한 비극을 경험해 왔다. 지난 김영삼 정권 때는 성수대교 붕괴와 삼풍백화점 붕괴라는 대참사를 겪었다. 그런데 얼마나 그 세월이 흘렀다고 또 이러한 참사가 발생한 것인지 깊이 반성할 필요가 있다.

본질적으로 '우리'라는 공동체 의식의 해체가 가져온 불행한 결과라고 평가하고 싶다. 우리나라가 유구한 역사와 더불어 지금까지 힘차게 발전해 온 근간에는 '우리'라는 공동체의식 속에서 큰 힘을 발휘해 온 것이 사실이다. 서구에서 밀려들어 온 이기주의적인 발상들은 어쩔 수 없이 개방이라는 현대문명의 조류에 밀려 받아들이지 않을 수 없는 상황이라지만, 우리가 가지고 있는 지정학적인 면과 특수성을 고려해 보아야만 한다.

우선 우리나라는 국토의 면적이 다른 나라에 비해 좁고 천연자원이나 보존자원이 많지 않다는 것을 인지해야 한다. 이러한 불리한 조건하에서 다른 나라와 경쟁하기 위해서는 우선 우리자신을 냉철하게 돌아보아야만 한다. 우리나라는 선진국도 아니고 미국, 프랑스, 독일과 같이 강대국도 아닌, 그저 중선진국으로 진입해 보려고 기를 쓰고 있는 지구상의 초라한 나라에 불과할지도 모르기 때문이다.

우리는 우리나라의 실정을 몰라도 너무 모른다. 세상이 어떻게 돌아가고 있는지, 국제사회에서 우리나라를 바라보고 있는 시각이 어떠한지 제대로 파악하지 못한 채 그저 우리가 잘나서, 우리가 똑똑하고 훌륭해서라고 생각한다. 세계는 한 나라의 힘만으로는 도저히 지탱해 나갈 수 없다. 서로 협조하고 공조해 나가야만 한다.

개인주의가 발달한 서구유럽들은 우리보다 풍부한 자원과 경험을 가지고 있음에도 불구하고 자국의 이익을 위해 최선의 노력을 다한다. 우리가 그들에게 뒤지는 것은 당연하다. 이 현실을 겸허히 받아들여야 한다. 우리는 부족하면 겸손하게 배우고 또 배워야 한다. 모두 무엇이 나라를 위한 길인지 고민하고 깊이 생각해야만 한다.

우리 사회에는 어느새 '우리'라는 것보다 '나'가 우선이라는 개인적인 사고가 지배하게 되었다. 우리는 '힘의 결합'을 의미하지만 '나, 너, 개인'이라는 것은 '힘의 해체'를 의미한다. 물론 개인의 능력과 특수성도 중요하지만 개인의 힘이 우리라는 구심점으로 결집될 때 힘의 낭비 없이 조그만 노력으로 보다 빠르고 효과적으로 다른 나라와 경쟁에서 이길 수 있고, 이러한 바탕 위에서 우리나라의 국력은 막강해질 수 있는 것이다.

우리 한반도는 남과 북이 대치하고 있는 특수한 상황에 놓여 있다. 그러나 불행하게도 우리의 현실은 개인의 힘이 우리라는 힘보다 더 앞서 나가고 있다. 너도나도 개인의 목소리를 높이고 있다. 안보를 부르짖으면서 반미를 제창하고 국산은 사용하지 않으면서 미국제품을 불매 운동한다고 한다. 이러한 이율배반적인 행위는 정작 기본적인 정신을 망각한 공허한 메아리를 만들어 내는 것에 불과하다.

영상매체, 매스미디어, 첨단과학, 도시개발 등 가시적인 경제 발전은 앞으로 얼마든지 우리가 개발하고 더욱 향상시킬 가능성이 있지만, 한번 무너지기 시작하는 한 나라의 정신세계의 틀은 우리뿐만 아니라 후세에서도 돌이킬 수 없는 상황으로 그대로 전수되게 마련이다. 이미 우리나라는 기초적인 정신세계의 틀이 무너진 것 같지 않은가? 올바른 정신으로 똘똘 뭉쳐진 국민은 어떤 외압과 시련에도 절대로 무너지지 않는다.

우리가 지금 어디로 가고 있는지 자각하지 못하는 것은 참으로 통탄할 일이다. 마치 납과 같은 인체에 해로운 중금속의 지속적인 접촉이 곧바로 자각증상으로 나타나지 않듯이 말이다. 우리나라의 정신세계가 존재했던 시간과 물질세계가 존재했던 시간을 단순 비교해보면, 물질세계가 존재했던 기간은 불과 100년도 되지 않음을 직시해야 한다. 단지 100년 동안에 우리에게 남겨진 것은 가난, 질병으로부터의 해방, 문명이기의 편리성 등 나열할 수 없을 정도로 많다. 그렇다면 우리가 잃은 것은 무엇일까? 환경파괴로 인한 자연재해, 질병, 정신병, 공기오염, 인간성의 상실 등 헤아릴 수 없을 정도로 많다. 그러나 가장 크게 잃은 것은 다름 아닌 우리의 공동체 의식의 붕괴라고 할 수 있다. 우리라는 개념의 상실이 무엇보다도 큰 손실인 것이다. 우리라는 결합체가 순수한 결합이 아닌 집단이기주의적인 혹은 나라를 위하는 양 외쳐 대면서 진실을 왜곡하고 있다는 생각을 가져 본 적이 한두 번 정도 있을 것이다. 우리는 흩어진 나, 너를 우리라는 결정체로 만들어야 한다.

국민이 국정에 바라는 것은 무엇인지에 대한 언론매체의 여론조사

발표를 보면 정치 안정, 경제 발전, 지역감정 해소 등으로 틀에 박힌 반복적인 답으로 돌아오고 있다. 이는 우리 스스로 민족정신을 점점 잃어 가고 있다는 것을 증빙하는 것과 다름이 없다. 주지한 바와 같이 이러한 것들에 대한 해결책은 '나, 너'를 '우리'라는 틀로 승화하는 길밖에 없다.

흩어진 '우리'의 본질을 어떻게 회복할 수 있을 것인지, 물질만능주의로 인하여 정신을 피폐하게 만드는 이 현실을 어떻게 바로 세울 것인지 암울하기까지 하다. 우리의 미래는 결코 밝지 않다. 텔레비전이나 라디오 심지어 신문, 잡지 등 매스미디어 어느 하나 퇴폐적이요 자극적이지 않은 것이 없다. 애나 어른이나 방방 뜨고 혼란스럽기까지 하다. 아이는 아이답게, 어른은 어른답게 행동하지 않는다. 어른의 역할, 아이들의 역할, 청소년의 역할 모든 것들이 붕괴된 느낌이다.

대구지하철방화사건에 대한 내·외신 기자들의 취재 열기가 뜨겁다. 이에 비례해서 우리의 얼굴도 뜨겁다. 전자는 뉴스거리니까, 후자는 창피하고 열불이 터져서. 이 사건은 어쩌면 예견된 것인지도 모른다. '우리'의 결집체를 바로 세우지 못하는 한 앞으로도 이런 사건은 계속 발생할 것이다.

글은 쓰고 싶은 생각이 있을 때 적는 것이 가장 효과적이다. 과제 수행이나 부탁에 의해 적거나 쓰는 일은 고된 작업에 가깝다. 본인 스스로 쓰고 싶을 때는 뇌의 활동력이 글쓰기 방향으로 집중되어 있기 때문에 그 시간을 놓치지 말고 즉시 실행하기를 바란다. 메모도 좋고 단문도 좋고 장문도 좋다. 생각이 가는 대로 써 보라. 논리성이나 정연성은 차후의 문제다. 쓰다 보면 자연스럽게 다듬어질 것이며, 어느 순간 멋진 글로 변해 버린 상황에 독자 여러분 스스로도 놀랄 일이 벌어질 것이다.

06
가진 것을
베풀어라

"남에게 장미를 주면 내 손에는 향기가 남는다."

– 데일 카네기

공자는 "다른 사람을 대할 때, 그 사람의 몸도 내 몸같이 소중히 여기고, 네가 다른 사람에게 바라는 일을 네가 먼저 그에게 베풀어라."고 베풂의 중요성을 언급했다. 어찌 보면 베풂의 철학은 '역지사지(易地思之)'의 정신과 같다고 볼 수 있다. 입장을 바꾸어 생각한다는 것이다. '네 것은 내 것이고 내 것도 내 것'이라는 놀부 심보에서 벗어나 '네 것은 네 것이고, 내 것도 네 것'이라는 타인 지향적인 배려의 사상이다.

가진 것을 베풀기 위해서는 시간관리 편에서 언급했듯이 독자 여러분이 풍족하지 않으면 행할 수 없는 일이다. 경제적 재산뿐만 아니라 정신적 재산을 베푸는 것도 마찬가지다. 우리들이 지금까지 살아온 과정은 경제적인 기반을 갖춰 편리한 인생을 살기 위한 것이었다. 자식을 키우고 교육시키는 모든 일련의 과정이 경제적인 여건 마련이었다는 것은 누구나가 공감하는 부분일 것이다.

경제적 기반의 대표적인 것은 현금의 흐름이었다. 부동산 투자, 저축, 주식 투자, 사업 등을 통한 수익의 창출이었다. 경제적인 동물인 인간은 만족이라는 것에 머무르지 않고 지속적인 이익 창출을 바란다. 이른바, 한없이 욕심에 차 있는 동물이다. 이제는 버려야 한다.

우리나라의 풍습은 보통 자식들에게 재산을 물려주는 행태로 이뤄졌다. 대기업부터 중소기업에 이르기까지 창업주는 2대, 3대를 거쳐 자신의 기업을 물려주고 있다. 독자 여러분도 잘 아시다시피 삼성, 엘지, 한진 등 대기업의 가업승계 현상이 우리 눈앞에 있지 않은가?

요즘에는 사회로 환원하는 기업이나 사람들도 늘고 있는 것 같아 다행스럽다. 사회 환원의 대표적인 기업가는 유한양행의 창업자 고(故) 유일한 박사를 꼽을 수 있다. 자신이 모은 재산을 자식들을 위한 승계를 거부하고 '전 재산을 교육에 기부하라'라는 유언과 함께 사회 환원을 위한 아름다운 정신이 오늘날 대표적인 기업가정신으로 칭송받고 있다. 또 하나의 글을 살펴보자.

"사람들은 때로 변덕스럽고 비논리적이며 자기중심적이지만 그래도 그들을 용서하라. 네가 친절을 베풀면 이기적이고 숨은 의도가 있다고 비난할지도 모르지만 그래도 친절을 베풀어라. 네가 정직하고 솔직하면 사람들은 당신을 속일지도 모르지만 그래도 정직하고 솔직하라. 네가 오랫동안 이룩한 것을 누군가 하룻밤에 무너뜨릴지도 모르지만 그래도 무엇인가 이뤄라. 네가 평화와 행복을 누린다면 그들은 질투할지 모르지만 그래도 행복하라. 네가 오늘 행한 선을 사람들은 내일 잊을지도 모르지만 그래도 선을 행하라. 네가 가진 최상의 것을 세상에 내줘도 부족하다 할지 모르지만 그래도 네가 가진 최상의 것을 세상에 내줘라." 키스의 『그럼에도 불구하고』[43]라는 책의 내용이다. 무엇을 표현하고자 한 것인가? 다름 아닌 무조건적인 베풂의 메시지를 우리에게 전달하고 있다.

우리가 떠날 때 가지고 가는 것은 아무것도 없다. 있을 때 어려운 사람을 많이 돕고, 있는 것을 많이 나눠 주자.

베풀기에는 비단 경제적 수단만 있는 것이 아니라, 자원봉사도 그 방법으로 꼽을 수 있다. 경제적 여건이 어렵다면 건강한 신체를 활용한 봉사를 실행하는 것이다. 자원해서 봉사할 수 있는 곳은 많이 있다. 봉사의 손길이 필요한 곳이 많다는 의미다. 사회적으로 문제가 되고 있는 노인 문제는 앞으로 더욱 심화될 전망이다.

인구가 고령화되는 이유는 출생률 및 사망률 저하에 있으며, 고령화 사회가 되면 노인들의 질병과 고독, 실업으로 인한 빈곤 등이 사회문제로 대두된다. 또한 사회복지제도의 부담으로 국가 경제 성장에도 장애요인이 된다. 이미 우리나라는 고령 사회[44]에 진입했다. 2026년에는 초고령 사회[45]로 진입할 것이라는 분석이다. 노인 부양을 위

한 젊은이들의 부담이 한층 가중될 것이다.

그러나 모든 것을 경제적인 부분으로만 생각해서는 안 된다. 나눌 수 있는 마음, 베풀 수 있는 마음, 함께 할 수 있는 마음을 필요로 한다. 인간다운 생활을 할 권리는 부양하는 사람이나 부양받는 사람이나 마찬가지다. 베풀면 베풀수록 마음은 더욱 풍요로워질 것이라는 생각에 여러분도 동조할 것으로 믿는다.

07
약자들이여, 반란을 꿈꿔라

"약자가 싸움 조건을 다르게 가져간다면 약자도 강자와의 싸움에서 충분히
이길 수 있다."

– 란체스터[46]

반란(叛亂)에는 긍정적인 의미와 부정적인 뜻이 있다. 부정적인 의미
의 반란은 사회나 국가의 질서를 어지럽히거나 혼란으로 뒤흔드는 대
규모의 계획적인 집단적 행동을 말하며, 긍정적인 의미의 반란은 기
존의 일정한 체계나 관습에 반항하여 새로운 혁신이나 혁명을 위한
시도나 실행을 비유적으로 이르는 말로 표현할 수 있다. 본 저서에서
는 긍정적인 의미의 반란으로 쓰였다.

자본주의 국가에서는 약육강식의 행태와 질서가 존재한다. 자본을

---

46 란체스터(Frederick William Lanchester, 1868.10.23.~1946.3.8.)는 최초의 영국자동차 조립을 한 자로,
'항공학의 선구자'로 불린다. 전략상 차이가 있는 강자와 약자가 전투를 한다면 전력 차이의 제곱만큼 그
전력 격차가 벌어지게 된다는 '란체스터 법칙'으로 유명하다.

중심으로 자본을 위해 사회활동이 편재되며, 자본을 획득하기 위해 사회가 조직되고 변화를 일으킨다. 자본을 지키기 위한 전략과 자본을 많이 취득하기 위한 치열한 생존 경쟁이 벌어진다. 가진 자와 갖지 못한 자는 정신적인 풍요보다는 물질적인 풍요로움에 따라 구별되고 사회양극화 현상이라는 용어를 등장시킨다.

사회에는 약자와 강자의 두 부류가 존재한다. 강자의 위치에 있으면 사회중심계층으로서 자본주의 사회를 이끌어 가는 권력자의 위치로 부각되고, 약자의 위치에 놓이면 먹고살기 위한 생존에 몸부림치게 된다. 강자의 위치는 확고부동하여 가진 것을 더 많이 가지려 하고, 약자의 위치는 강자로 진입하기 위해 몸부림치지만 강자의 위치는 멀고도 험할 뿐이다.

약자가 강자로 되기 위한 수단과 방편은 자신을 과감히 변화시키는 반란을 일으키는 것이 유일한 길이다. 비록 계란으로 바위를 친다 하더라도 수많은 계란을 지속적으로 던져 대면 바위는 어느새 자기 색깔이 아닌 이상한 색깔로 변질될 수 있을 것이다. 반란을 꿈꾸는 것은 강자의 위치로 진입하기 위한 초석이다. 꿈꾸지 않는 자는 강자로의 진입이 불가능할 뿐만 아니라, 대대로 약자의 위치를 물려주는 악순환을 반복할 것이다.

자본주의 사회에서 대다수는 약자에 속한다. 강자의 위치에 서기 위해서는 태어날 때부터 금수저를 잡는 행운을 잡든지, 아니면 후천적으로 노력으로 인해 스스로 강자로 진입하는 수밖에 없다. 반란을 꿈꾼다는 것은 새로운 혁명이요 혁신이다. 강자의 위치라는 커다란 목표를 정립한 후 하나둘씩 깨 나가는 성취는 약자들의 생존 영역을 더욱 확장시킬 것이며 약자들의 심장을 더욱 강하게 만들어 줄 것이다.

이노베이션, 혁신, 혁명은 강자들을 위한 단어가 아니라 우리 대다수 약자들을 위한 훌륭한 지렛대다. 인간의 능력은 한계가 없다. 강한 자들은 이미 이뤄 놓은 것에 더 보탤 것이 적지만, 약자들은 가진 것이 너무 없기에 채우면 채울수록 풍부함의 영역은 더욱 확대될 것이다. 그동안 해 보지 못한 일들이나 계획들을 지금 당장 실행하고 실천해 나가자.

우리는 모두 잘 알고 있다. 과거 할 일을 제대로 하지 않았거나 환경이 할 수 없도록 만들었음을. 이 때문에 우리 약자들의 혁명과 반란은 더욱 찬란한 미래를 열 수 있다. 후회의 날들은 모두 흘러가는 강물에 집어 던지고 희망과 장밋빛 인생을 향해 새로운 목표를 가지고 함께 달려 나가자. 약자들이여, 반란을 꿈꿔라. 세상은 독자 여러분에게 활짝 열려 있다.

이 책이 나오기까지 7년이라는 긴 세월이 흘렀다. 몇 번이고 절필했다가 어느 순간 또 생각나면 조금씩 썼다. 나의 인생의 굴곡을 따라서 펼쳤다 접었다를 반복했다. 일종의 의무감이랄까? 과연 내가 이 작업을 지속할 수 있을까라는 염려와 걱정 속에서 그래도 내 자신과 돌아가신 부모님, 가족을 생각하며 글을 마무리해야겠다는 생각을 했다. 이제 글을 마무리해야 할 시간이다.

앞에서도 이야기했듯이 "나이 50대에 들어 할 수 있는 일이 무엇이 있을까?"라는 질문을 던져 본다. 일반 사기업체에서는 명예퇴직을 했거나 퇴직 준비에 한창일 것이다. 의학기술의 발달과 생활습관, 풍부한 영양 섭취로 인해 인간 수명이 늘어남에 따라 인간이 할 수 있는 다양한 사회활동 능력의 폭이 넓어졌다. 2016년 세계보건기구(WHO)의 자료에 의하면 대한민국의 성인남자 평균수명은 82세로서, 남자 79세, 여자는 85세로 나타나고 있다.

특히, AI를 활용한 의학기술의 발달은 인간의 수명을 한층 연장시키고, 대체 수술을 통한 인간의 신체가 새롭게 만들어지는 등 불편으로부터 벗어날 수 있는 창조적 자유를 누릴 수 있게 됐다. 옛날 쉰 살이면 중늙은이라고 불렸지만 지금은 80세가 넘어야 노인 축에 낀다고 들었다.

마을경로당에서도 60세 이하는 볼 수도 없거니와 최소 70대 중반 정도는 돼야 막내 축에 낀다고 들었다. 최근 우리나라도 인간 수명의 연장으로 초고령 사회 진입이 멀지 않았으며, 노인에 대한 정의와 연령 기준도 바뀌고 있다. 노인의 정의를 65세에서 70세로 해야 한다는 여론이 우세한 실정이다.

보통 20대에 취업을 하면서 경제적인 여건을 마련하고, 평생 반려자를 만나 결혼하고 아이를 낳아 가족을 구성한다. 직장을 통해 가족의 경제력을 갖춰 놓으면 어느새 정년퇴직. 정년 연장 추진에 대해 사회적 여론이 모여지고 있지만, 현재 시점에서 60대 정년퇴직을 하면 마땅히 취업을 하는 것은 쉽지 않다. 제2의 인생을 설계하기 위해 60세 정년은 어정쩡한 나이가 된 것이다.

취업이 어렵다면 창업은 어떤가? 이것 또한 쉽지 않은 일이다. 머리말에서도 이야기했듯이 인생 나이 50줄에 들어서면서 정년 이후에 할 수 있는 일을 준비하고 마련하는 작업에 대한 필요성으로 동시대를 살고 있는 사람들과 함께 반란을 꿈꾸고 실행해 보자고 말하고 싶었다.

내 나이 30대 중반에 결혼해서 딸 둘을 두었다. 대학생과 고등학생이 된 딸들을 바라보며 아빠의 존재성을 알리고 싶었다. 그동안 뒷바라지해 준 아내 나인숙 여사와 서윤, 정윤 두 딸에게 잘 키 줘서 고맙고 사랑한다고 말해 주고 싶다.

그리고 이 책이 나오기까지 깔끔한 교정을 도와주신 여주중학교 안

윤희 선생님과 고운 그림으로 책을 빛나게 해 주신 배산빈 작가님에게도 감사의 말을 전한다. 아울러 평소 글을 쓸 수 있는 기회를 주시고 격려를 해 주신 경기데일리 박익희 대표이사님께도 존경의 마음을 보낸다. 끝으로, 아름다운 책을 만들어 주신 도서출판 책과나무 양옥매 실장님에게도 감사를 표한다.

　다소나마 이 책이 독자 여러분의 앞날에 희망이 되고 도움이 되길 바란다.

2018년 새봄, 황학산수목원에서

다음 내용들은 독자 여러분과 함께하고픈 50개의 행동지침이다. 저자의 나이가 50대임을 감안해 50개의 지침으로 꾸며 봤다. 자, 50개의 과제를 남은 인생 동안 같이 실천해 볼까요? 실천한 과제들은 빨간 펜으로 두 줄로 삭제해 보면서 남은 과제를 바라보는 것도 흥미를 안겨 줄 것이다.

첫째, 오랫동안 망설였던 일들을 오늘부터 당장 결정하고 실행해 보자.
- 나 자신에 대한 확신이 섰다면, 오늘 당장 고민의 사슬을 끊고 행동한다면 미래는 여러분의 것이 될 것이다.

둘째, 내가 살아왔던 인생에 대한 삶의 대차대조표를 작성해 보자.
- 새로 창업한 업체와 같이 이익보다 손해가 더 많은 게 50대지만, 새로운 꿈을 펼쳐 보는 순간 이미 당신은 젊은이로 변신한 것이다.

셋째, 지금 당장 진심으로 내가 하고 싶은 일 10가지 정도를 적어 보자.
- 10년 전의 목표를 점검하고, 10년 후를 위해 다시 목표를 세우

는 순간 여러분의 얼굴에는 행복한 미소가 넘쳐날 것이다.

넷째, 100명의 친구를 새로 다시 정립해 보자.

- 사람이 재산이라는 생각으로 인맥을 점검하고 정립하는 순간 삶의 의미를 깨달을 것이다.

다섯째, '초심으로 돌아가자'고 마음을 다잡고 선언해 보자.

- 다시 시작하겠다는 패기와 열의가 당신을 새롭게 태어나게 할 것이다.

여섯째, 남과 차별화할 수 있는 나만의 장점을 정립하자.

- 매일 당신이 하는 일이 당신만의 특징으로 정립될 수 있도록 만들 것이다.

일곱째, 당신이 태어났던 장소나 어렸을 때 살았던 지역을 방문해 보자.

- '나는 누구인가'라는 인문학적 관점을 살펴볼 수 있는 계기가 될 것이다.

여덟째, 내 나이보다 어린 연령이 되어 보자.

- 개그도 해 보고, 20대와 어울리다 보면 에너지를 얻고 50대의 여유를 가질 수 있을 것이다.

아홉째, 부하 직원을 멋진 선생님으로 만들자.

- 경력이 많지 않은 직원으로부터 신선함과 창의성을 배울 수 있을 것이다.

열째, 일이 잘 풀리지 않을 때는 곧바로 출발선상으로 돌아가는 훈련을 하자.

- 50대에 시작해도 결코 늦지 않았다. 늦었다고 생각하는 때가 가장 빠를 수 있기 때문이다.

열한 번째, 일이 풀리지 않는다고 좌절하지 말고 오히려 기회를 찾는 사람이 되자.

- 남의 성공에서 축하하면서 마음을 넓히고, 나의 좌절로부터 희망을 발견할 수 있을 것이다.

열두 번째, 본인이 마치 세상 물정을 다 아는 것처럼 오만을 갖지 말자.

- 50대는 아직 60대에 비해 어리기에, 겸손과 덕을 더욱 쌓아야 할 것이다.

열세 번째, 40대보다 더 많이 생각하고 노력을 하자.

- 경험과 요령만 가지고는 오랫동안 버틸 수 없으므로 더욱 정진해야 할 것이다.

열네 번째, 책에는 다양한 경험과 시간의 절약을 가져오기에 책을 가까이하자.

- 다양한 책 읽기는 당신의 인생을 더욱 풍부하게 만들어 줄 것이다.

열다섯 번째, 매일 아침 한 편의 시를 쓰거나 암송하는 습관을 갖자.

- 암기는 기억력을 향상시키고, 암송은 대인관계에 커다란 도움을 줄 것이다.

열여섯 번째, 50대 연령에 맞게 중후함과 멋을 부려 보자.

- 가끔씩은 유명 매장에 들러 나를 위해 투자하는 것은 인생에 풍부한 멋을 가져다줄 것이다.

열일곱 번째, 혼자만의 휴식 공간을 만들어 생각의 시간과 반성의 시간을 가져 보자.

- 가끔씩은 고독하고 쓸쓸할 때, 나만의 공간이 활력과 충전을 가져다줄 것이다.

열여덟 번째, 50대에 시작하는 도전에 감사함과 열정을 갖자.

- 50대의 새로운 도전은 결코 늦지 않았으므로 할 수 있다는 마음은 당신에게 응원과 열정을 보내 줄 것이다.

열아홉 번째, 아프지 않도록 자신의 육체를 늘 아끼고 돌아보자.

- 아파서 병원 신세를 지는 것은 처량한 일이다. 평상 시 건전한 마음가짐과 적절한 운동은 질병으로부터 벗어나는 데 많은 도움을 줄 것이다.

스무 번째, 젊은 아내와 대등할 수 있도록 외모에 신경을 쓰자.

- 50대 내 자신의 얼굴과 어린 아내와의 얼굴이 비슷하다면 타인으로부터 칭찬을 들을 것이다.

스물한 번째, 부모님의 삶을 돌아보는 시간을 갖자.

- 누구나 부모님의 DNA를 가지고 살아가므로 그들의 삶을 짚어보는 것은 나를 돌아보는 계기가 될 것이다.

스물두 번째, 누구나 자신만의 매력이 있으므로 그 매력을 주위 사람에게 전달해 보자.

- 40대의 매력에 집착하지 말고, 50대의 또 다른 나만의 매력 발

산은 자신감을 안겨 줄 것이다.

스물세 번째, 체력을 테스트하는 시간을 갖자.

- 50대의 건강한 체력은 남은 인생의 가장 값진 재산이 될 것이다.

스물네 번째, 자신의 생활 패턴을 반대로 바꿔 보자.

- 역발상으로부터 창조적인 아이디어가 창출되므로 신선한 충격을 가져다줄 것이다.

스물다섯 번째, 황금연휴에 자신만의 공간에 누워 성찰의 시간을 가져 보자.

- 자기 성찰의 시간은 분명히 새로운 미래의 희망의 빛을 안겨 줄 것이다.

스물여섯 번째, 특별한 체험 10가지를 만들어 도전해 보자.

- 새로운 체험은 그동안 느끼지 못한 열정과 도전정신을 가져다 줄 것이다.

스물일곱 번째, 50대 새로운 자기 사업을 위한 사업 계획을 만들자.

- 10년 뒤의 60대 사업가를 꿈꾸며 멋진 아이디어와 희망의 메시지를 던져다 줄 것이다.

스물여덟 번째, 창조적인 나만의 답안지를 작성해 보자.

- 세상은 정답만을 원하지 않는다. 창조적인 생각은 변화하는 세상 속에서 나를 해방시켜 줄 것이다.

스물아홉 번째, 다방면에서 뛰어난 철학자가 되자.

- 세상은 넓고 할 일은 많으므로 다양한 지식은 풍부한 세상을 열

어 줄 것이다.

서른 번째, 가 보지 못한 세상으로 나가 보자.

- 한 살이라도 젊었을 때 다양한 나라로의 여행은 좁은 사고의 틀을 한층 넓혀 줄 것이다.

서른한 번째, 오늘 하루만은 마음껏 고함치고 마음껏 울어 보자.

- 가슴이 후련할 것이다. 스트레스를 껴안은 채 50대의 언덕을 넘지 말라. 확 풀어 버려라.

서른두 번째, '일이 아주 순조롭게 풀리는데'라며 긍정하고 감사하자.

- 어둠 속에서 희망을 볼 줄 아는 낙관적인 마음은 인생을 즐겁게 만들어 줄 것이다.

서른세 번째, 어렵고 힘든 일을 경험할 수 있는 자원 봉사를 하자.

- 사회의 음지를 볼 수 있어야 양지가 보이는 지혜를 얻을 것이다.

서른네 번째, 서클을 만들어 리더가 되어 보자.

- 한 번쯤은 먼저 나서 본다면 인간관계의 얽힌 매듭을 풀어 주는 리더십의 능력을 얻을 것이다.

서른다섯 번째, 앞으로의 삶의 스케줄을 만들자.

- 계획 없이 사는 사람은 나침반 없는 배와 같으므로 계획은 어둠 속의 등대가 되어 줄 것이다.

서른여섯 번째, 의논할 수 있는 사람을 곁에 두자.

- 함께 의논하는 동안에, 당신 스스로 해결의 실마리를 찾을 수

있으며 그를 멘토로 얻을 것이다.

서른일곱 번째, 초등학교 교과서를 다시 공부하자.

- 당신이 찾는 정답은 가장 쉽고 가까운 곳에 있으므로 파랑새의 이야기를 옆에서 들려줄 것이다.

서른여덟 번째, 가끔은 철학의 바다에 깊이 빠져 보자.

- 삶의 의미를 찾는 철학적 성찰을 통해 자신의 무게는 더욱 중후해질 것이다.

서른아홉 번째, 가슴속에서 솟구쳐 나오는 그 무엇인가를 위해 살자.

- 평생의 직업을 선택하기 위해 진정으로 좋아하는 일을 해 보자. 저절로 행복감이 밀려올 것이다.

마흔 번째, 'NO'라고 말할 수 있는 사람이 되자.

- 자기 의견이 분명한 당신에게 중요한 일이 맡겨질 것이다.

마흔한 번째, 일을 가리지 말고 닥치는 대로 해 보자.

- 무엇이든 최선을 다하면 기회는 넓어질 것이다.

마흔두 번째, 누구를 만나든 대등하게 대하자.

- 상대와 동등하다고 믿고 행동하면 비굴해지지 않는 감정을 느낄 것이다.

마흔세 번째, 건강만은 남부럽지 않는 사람이 되자.

- 에너지가 펄펄 넘치는 당신에게 큰 인생으로 다가옴은 전적으로 당신의 몫이다.

마흔네 번째, 돈을 제대로 쓸 줄 아는 사람이 되자.

- 저축하는 것은 기술이고, 쓰는 것은 예술이다. 돈을 잘 쓸수록

마음은 더욱 풍요로워질 것이다.

마흔다섯 번째, 당신다운 감동에 흠뻑 취해 보자.

- 진정한 삶을 위해 세상을 다시 바라보기 시작하는 열정을 얻을 것이다.

마흔여섯 번째, 일을 잘한다는 칭찬을 두려워하자.

- 20대에게는 만드는 힘이, 30대에게는 부수는 힘이 필요하다는 초심을 지킬 것이다.

마흔일곱 번째, 설교하는 선생이 되지 말고 웃기는 코미디언이 되자.

- 웃음을 자아내게 하는 사람이 주위의 긍정적 에너지를 만들어 낼 것이다.

마흔여덟 번째, 10년 후의 나를 만나자.

- 10년 후의 나를 위해 느긋하지만 쉬지 말고 준비하면 노후가 행복할 것이다.

마흔아홉 번째, 10년 전의 나를 만나자.

- 잃어버린 시간의 갈피 속에서 과거의 푸른 꿈을 캐냄으로써 활력을 찾아낼 수 있을 것이다.

쉰 번째, 당신 나름의 '하지 않으면 안 될 50가지'를 적어 보자.

- 미래를 위한 준비는 당신의 책임이자 의무이며 권리이므로 마음을 다잡을 수 있을 것이다.